最新版

採る　育てる　定着させる

これからの飲食店マネジメン

教科書

一般社団法人　これからの時代の・飲食店マネジメント協会
山川博史

同文舘出版

はじめに

やっと採用したスタッフが、定着せずにすぐ辞めてしまう。

それどころか、採用募集をかけても1件の問い合わせもない……。

飲食店経営で避けられない人の問題。とくにコロナ禍以降は職場として飲食店を選択する人も減少し、非常に厳しい状況が続いていることは、私が言うまでもありません。みなさんも、そうした問題を解決したいと思って、この本を手に取ってくださったのだと思います。現在、飲食店は仕入れをはじめ、さまざまなコストの上昇やコロナ後の売上トップラインの減少、労働環境の改善にも対応したオンラインマネジメントへの移行、そしてモチベーションの多様性により厳しい状況が続いています。

さらにここ数年、飲食業界で働く人たちの価値観は大きく変わりました。現在の店長や管理職クラスの人たちは、店からの教育は最低限で、あとは先輩から見よう見まねで学ぶしかありませんでしたが、いまはそうはいきません。

働く意味や「成功」の定義、ジェネレーションギャップ、コミュニケーションツールなどの変化は思っている以上に大きく、これまでのような指導法や受け入れ環境ではいっさい通用しなくなってしまいました。

これまでと同じやり方では、人が定着することはむずかしく、辞める一方だと言っても過言ではありません。

とはいえ、店長や管理職もさぼっているわけではありません。毎日長時間、現場でお客様をもてなし、部下とも、どうにか自分の感情を押し殺しながらコミュニケーションをとろうと努力しています。

しかし、飲食店は特殊な労働環境であることも確かです。たとえば、同じ店でもキッチンとホール、それぞれの文化があります。中途採用のスタッフも多く、前の店でのやり方や考え方がしみついている人も少なくありません。また、店長以上に技術が高く、経歴の長いパートの方や、10代から60代まで幅広い世代のアルバイトの方が働いています。

しかもそれがチェーン店となると、働く人も環境もまったく異なる店舗が何十・何百とあるわけです。いくら書籍やセミナーで学んでも、現場の社員やアルバイトのモチベーションを下げることなくコンセンサスをとり、マネジメント側の考えを伝え、実施してもらうのは簡単なことではありません。

勇気を出して伝えたとしても、スタッフが聞く耳をもたず、「店長、そんなことより、人が足りないので入れてくださいよ」と一蹴されることもあるでしょう。

そんなとき、ベテランの管理職のなかには、そうしたスタッフに対して厳しい口調で感情的になったり、正論を大声で語る人がいまだにいるのが現実です。これまで自分がそう教育されてきたように、力で押さえつけようとするのです。

当然、このようなアプローチの繰り返しでは現場がまとまることはなく、最近では「パワーハラスメントだ」などと訴えられる可能性もあります。もはや、これまでと同じマネジメントではスタッフとの溝は深まるばかりで、リスクも高くなっていくばかりだということを意識しなければなりません。

本書では、これからの時代、飲食店のリーダーはどのような考えをもち、どのように幅広い年代のスタッフとコミュニケーションをとり、どのようなチームをめざしていけばいいのか、実際に現場で実践している飲食店のマネジメントノウハウをお伝えします。

私自身、23歳で飲食業界に入り、27歳で独立。15坪の店からスタートしましたが、最終的には直営店を10店舗まで展開させました。

開業から展開、撤退、売却などを体験し、30年近く、飲食店経営に携わっているからこそ、飲食店経営のむずかしさが身にしみるほどわかります。

私が店舗の拡大化・多店舗化にあたり実践したのが、徹底的に「仕事を任せる」スタイルです。１００坪でもスタッフに任せられる店舗マネジメントに成功しました。

その経験をもとに、現在は、飲食店の採用・育成・定着、さらに自走する組織をつくるためにオンライン教育プログラム「これマネ教育ＤＸ」を活用した社内トレーニングの方法を指導しています。

いい人材を育成するメリットは、たくさんあります。採用コストの圧倒的な削減、業績の改善、新規出店の展開、会社のブランディング、人事トラブルのリスク回避など、その効果は計り知れません。

本書では、私が長年、店舗経営やコンサルティングに関わるなかで実践してきた「これからの時代の飲食店マネジメント」のリアルな考え方と手法を紹介しています。また、最新版となる本書では次の内容を盛り込みました。

・**第2章の「採用」では、隙間時間を活用した採用プロダクトの活用法やリファラル採用、採用DXと既存の採用媒体のハイブリッドの対応などの手法**

・**第3章から第7章の「育成・定着」では、継続の習慣がつかないチームの育成環境の整備の手法**

そのほか、**店長とスタッフが自分たちで判断し、率先して飲食店の運営を進める「自走」型の組織づくり**についても触れています。

ぜひ、すぐにトライできそうなアクションがないかな、という目線で読んでみてください。そして、ヒントになるものがあれば、今日からでもお店で実践してください。

この本を読むことで、日々情熱をもち、飲食業に関わるリーダーたちの「人の問題」が解決し、売上や集客につながる飲食店マネジメントが成功するよう応援しています。

一般社団法人これからの時代の・飲食店マネジメント協会 代表理事　山川博史

※本書は2018年1月に刊行された『採る・育てる・定着させる これからの飲食店マネジメントの教科書』（小社刊）に加筆・修正したものです。

最新版　採る・育てる・定着させる　これからの飲食店マネジメントの教科書　目次

1章

繁盛し続ける店になるための これからの「飲食店マネジメント」

2章

人が辞めない！飲食店の「採用」

3章

スタッフのやる気を引き出す！飲食店の「コミュニケーション」

4章

店の価値観を共有する！

飲食店の「ミーティング」

5章

スタッフに丸投げしない！飲食店の「任せ方」

6章 強いチームをつくる！飲食店の「目標設定」

7章 スタッフの成長を早める！飲食店の「人事評価」

カバー・本文デザイン・図版制作　荒井雅美（トモエキコウ）
編集協力・本文DTP　菱田編集企画事務所

Textbook of the management

1章

繁盛し続ける店になるためのこれからの「飲食店マネジメント」

1

5年前のマネジメント方法はもう通用しない

「お金を稼ぎたい」だけの人は飲食店に来ない

「はじめに」でも述べたように、長い間、飲食業界には人を育て、定着させ、自走させていく文化がなく、「マネジメント」の大切さを理解していない店長が少なからずいました。

スタッフが辞めても、

「俺の言うことを聞かないやつは、辞めて当然だ」

「辞められたら、また雇えばいいんだよ」

などと、タカをくくっていたのかもしれません。

でも、いまの時代、そのような姿勢ではすぐに人が辞めてしまうどころか、スタッフ1人を雇うのにも大変な苦労をします。

10年ほど前まで、少しは採用募集に応募があった時代は、多少なりとも上から目線で「雇ってあげる」という意識でもよかったでしょう。しかしいま、そうした対応はいっさい通用しません。

そもそも、飲食店で働く理由が以前とはまったく異なります。**「お金を稼ぎたい！」「ビッグになりたい！」といった人は、飲食業にはまず入ってきません。**「接客が好き」「チームプレーで仕事を楽しみたい」「飲食に関わることに専念したい」「お客様との距離が近く、学んだ外国語を直接活かしたい」「ゆくゆくは飲食に関わる資格を取得したい」など、応募の動機としてはもっともらしいことを言うかもしれません。現実には、「単に手っとり早く仕事に就き、給料を得たい。なじめなかったらすぐ辞めればいい」と考える人もいます。

しかし、ひと昔前と違うのは、ここにあげたもっともらしい動機が、まったくの口から出まかせではなく、本心としては、そのようなことに飲食店で勤めることの意義を感じ、興味を覚えているのです。そのような〝ささいだけど、大事にしたい興味や意義〟を本人から語ってもらうのではなく、掘り起こしてあげることがマネジメントする側には求められます。

「重労働だし、長時間だし、お客様のクレームもキツいし……」といった現実は、誰もが知っています。それでも飲食店の門を叩いてくる人は、飲食店だからこそ得られるものに興味を覚え、意義を感じる人です。

手軽に短時間にお金を稼ぎたい！　という人は飲食店には来ない。この現実は直視しておいたほうがいいでしょう。もちろん、労働環境を整備して多くの人に働いてもらえる職場にしていくことは大切ですが、現実はすべての飲食店がそんなまっとうなことを言える状態ではありません。

私たちは人気アイドルユニットではない

私が店で必ず伝えているのは、私たちは**人気アイドルユニットではない**ということです。もし人気アイドルユニットだったら、「いまから新しいメンバーを募集します！」と言えば、全国からたくさんの応募があって、人もよりどりみどりですよね。でも、ウチは人気アイドルユニットじゃない。募集しても、誰も応募してきてくれないことだってある。

これまでのスタッフとは意識がまったく違うのです。

晩ご飯が食べられるから、深夜営業がないから、時給が他店より50円高いから、ちょっとオシャレな店だから……といった理由で応募してくれるのはいいほうで、ほとんどの応募者は「とりあえず」「なんとなく」「たまたま近所に住んでいて」というのが理由です。

ほんの少しでも目的や目標、プロ意識、経験、やる気がある人が応募してくれれば、自店に合うかどうかなども考慮できますが、そんな高望みはできない状態がずっと続いています。

「飲食店で働きたい」と向こうから人が集まる時代は、もうとっくに終わったのです。

2

必要なのは30点の人を70点に育てるしくみ

どんな人でも採用して育てていくのが基本

いまは厳選する採用は望めません。そこで残された道は、**30点の人を採用して、70点になるまで育てるマネジメントのしくみ**をつくることです。これしか店を繁盛させる方法はありません。

では、飲食店における「30点の人」とはどのようなタイプの人なのでしょうか。

- 一生懸命やってくれそうか
- 性格がひねくれていないか
- 元気そうか

● ＩＴツールは普通に使えるか
● 普通に会話できそうか
● 指定した面接の日時に、ちゃんと来てくれたか

このくらいで十分です。指定した面接日にきちんと来てくれただけで合格というくらいです。

現在は、パートやアルバイトだけでなく、社員も外国人雇用があたり前のようになってきます。もし雇われる側が言葉や習慣の壁を感じたとしたら、雇う側が直していかないといけない状況はさらに加速していくでしょう。

最低限のルールを守れる人が来たら、まず採用して、その人を活躍できるスタッフに育てていかないといけない。それが、これからの飲食店の基本の考えであり、使命です。

これからの飲食店に必要なのは、育成型のマネジメント

マネジメントは２つに大別できます。

1つは、**プロを集めるマネジメント**。これは、人気のある業態で、給料や労働条件を高く提示でき、優秀な交代要員に困らない場合に成り立ちます。まさに人気アイドルユニットのような組織です。

もう1つは、**プロを育てるマネジメント**。このマネジメントは起用の仕方も育て方も、プロを集めるためのマネジメントとはまったく違います。

どんな人でも手取り足取り教えて、プロに育てていくマネジメント。いま、飲食店はこの育成型のマネジメントを実現しないと、店舗が運営できなくなってしまう時代です。採用募集しても、誰も応募してこない。そして、店の運営そのものが維持しにくくなる。それでもがんばってきた一部のメンバーも疲れ果てて辞めてしまう……。

育成型のチームづくりを腹の底から理解できていない店長は、その原因がマネジメント方法であることに気がつかず、「やっぱり、オーナーが採用にお金をかけないとダメだよね」などと、八つ当たりのような文句を言うだけです。

飲食店はスタッフがいなければ運営できません。そのことはわかっているはずなのに、店長もスタッフと一緒になって不平・不満をもらすだけで、オーナーに問題の解決を委ねてしまう。これはおかしなことであるとともに、もったいないことでもあります。なぜなら、この課題を解決できれば、確実に店はよくなるからです。繁盛店に向けての階段を1段上がることができるのに、その工夫や努力を店長がみずから放棄する思考になっているのです。

店長1人の工夫や努力が店の活気につながり、その行動が繁盛店へとつながっていく。そのことに店長が気づき、現状を変えていくと決断すれば、店はよくなるはずなのです。

とはいえ、どのように工夫し、マネジメントによって現状の課題を解決していけばいいのか、店長は誰にも教えてもらっていません。いまの店長クラスの世代は、現場オペレーションはできても、人を育成していくための確かな指導は受けていません。上司や先輩から「上司の指示に従ってね」「背中を見て覚えなさい」という教育しかされていないのです。私は、これが一番の問題だと思っています。

本書では、これまで誰にも教えてもらえなかった採用・育成・定着・自走という飲食店マネジメントの手法を、実際に現場で成果をあげている事例とともに紹介していきます。

3 まずは店長の意識から変えていく

あなたが変わらないから、スタッフが辞めていく

具体的なマネジメント・ノウハウをお伝えする前に、大前提として知っておいていただきたいのが、人が育ち、定着する店に変身させるためには、まず**店長自身が変わるのを恐れない**ことです。

意識を変えることができない店長は、スタッフが離れていってしまう本当の理由について理解していないのかもしれません。「まあ、店がオンボロだしな」「古い業態のままだからだろう」「オーナーがいい加減だからだよ」「給料は低いし……」などと言うばかりです。

しかし、**スタッフが離れる本当の理由は、店長であるあなた自身のコミュニケーションのとり方やマネジメントが原因かもしれません。**あなたが変わらないから、スタッフが勤

め先を変えるのです。

スタッフが店を辞めるときは、いろいろな理由をつけてきます。優秀な人、やる気のある人ほど、「ここでは自分を発揮できない」と素早く気づいて辞めていく。そういうスタッフほど、カドが立たない理由をつけるものです。「実家に帰らないといけなくなって」「家族が体調を崩してしまって」など、店長に「それなら、仕方ないな」と思ってもらえる、あたりさわりのない理由を告げて辞めていくのです。

さらに、辞めていくスタッフには、「あなたのもとで働きたくない」という本音以外のことはどうでもいいという考え方もあります。「辞める理由を説明するだけ面倒だ」「つき合っていられない」と思っているかもしれません。

昨今、飲食店で働く理由が「お金だけ」ではなくなったということは、本章の冒頭でもお伝えしました。つまり、「成功＝お金」ではなくなっている、ということです。

しゃにむに働いてお金を稼いで自分の店をもって、その店を大きくして……それが成功のひとつの形と考えることができたのは、いま50代以上のオーナーや店長くらいでしょう。そういう過去の成功パターンのみで人を引っ張り上げたり、つなぎとめたりすることはできなくなったのです。

私は50代ですが、私たちの世代はまだ、若い頃に「俺も成功して先輩の乗っているような車に乗りたい！」などと思っていました。ところがいまは、似合わない高級車に乗って登場したりすると、「うわぁ、ダサ！」「先輩、環境に悪いっすよ」などと言われるのがオチです。

いまや、お金はもちろん、車や時計、靴などに成功の定義を見出す人は、少数派になりつつあるのです。

自分が若いときの働き方を求めない

それでは、店長はどのようなスタンスでマネジメントに臨めばいいのでしょうか？

それは、**いまどきのスタッフに、自分が若い頃の働き方を求めてはいけない**ということです。

私は現在、５００店舗以上にオンライン教育プログラムを活用したコンサルティングをしながら、さまざまなお店の文化を観察していますが、**上に立つ人が絶対的な存在になっている店には、必ず〝イエスマン〟がいます。**

最初のうちは絶対的な存在と周囲のイエスマンだけで、その店は伸びるでしょう。その取り巻きのイエスマンと息の合うスタッフも入ってきて、倍々ゲームで店舗数を増やしていけるかもしれません。

そうなると、絶対的な存在もイエスマンも勢いが増し、自分がえらい存在だと勘違いして天狗になってしまいます。

ところが、その一方で徐々に辞めていく人も増えてきます。

「こうやったら、もっと店がよくなると思います」

「こんな取り組みをやってみたいです」

といった意見をもち、積極的に関わろうとする人ほど、排除されてしまうのです。

そして、結局残っているのは店長の言うことを聞く人だけ。「考える人」ではなく「作業する人」が残り、売上が伸びない店になってしまうのです。

繁盛店をつくるためには「健全な思考をもち、自走できる」メンバーを育てていかないといけないのに、これでは、「指示しないと動かない」メンバーを店長自身が集めていることになります。

何も、いきなり「100%意識を変えてください」というわけではありません。しかし、早いうちに「自分のやり方で育てる」「自分の言うことが正しい」という、これまでの考え方を改めていかないと、店が維持できなくなります。

これまでは、「若い人の意見を聞いて」「女性の意見もくみ取って」などと、口あたりのいいことを言いながら、実態としては「自分が使いやすい人」を採用してきた店も少なくありませんでした。

でも、その考え方は、これからは「なし!」です。店長が改めない限り、あなたの店は永遠に変わりません。売上も先細りして、閉店を待つだけです。

4 繁盛飲食店をつくるのは店長しだい！

店長が変われば、店も変わる！

みずから変わらないといけないのは、店のオーナーでも店長でも、リーダーと呼ばれる立場の人でも、料理長と呼ばれる人でも、みな同じです。

料理長として絶対的な存在だった人の例で言うと、昔は自分の立場が侵されるのではないかと、若い料理人に何も教えなかったものです。

「お客様に料理を出せるようになるには、3年は修業だな」

「黙って見て覚えろ！」

と言い放つばかり。教える文化、伝える習慣といったものはありませんでした。それでも、以前は成り立っていたのです。

しかし、いまはそれとまったく逆です。教えていかないと、人が離れていってしまう。一方で、教えてもらえる店、チャンスがあるチーム、可能性がある組織は少数であるとはいえ、確実に増えています。そうした教える文化、伝える習慣といったものがない店側の事情は、インターネット上のクチコミなどで隠せない状況になっています。そのため、**人は教えてくれる店のほうに流れている**のです。

こうしたことに気づいていない店長も多いようです。店長は消費者の動向に敏感にならなければいけない仕事ですが、日々の忙しさからなかなか現場を離れることができず、同業他社と情報交換したり、マネジメントについて学ぶ時間的な余裕もないからでしょう。

料理やサービスなど現場のオペレーションのことは仕事に直結しているため、熱心に研究する人が多いのですが、採用手法の戦略立案、人材マネジメントに関する情報収集については、後手に回りがち。そのため、求人情報誌などに募集広告を出しても反応がなく、

「なんで、ウチの店には応募がないのだろう」

と不思議がっているような店長もいます。

繰り返しになりますが、たくさんのお客様に喜んでもらえる店にしたい、活気あふれるスタッフと店の業績を伸ばしたいと考えているのであれば、「自分の考え方とアクション

が変われば、打つ手はたくさんある！」と早く気づくべきです。

店長の意識とアクションを変える4つのポイント

店長の意識とアクションは、そうすぐに変えられるものではありません。ここでは、4つのポイントをご紹介します。

①自分の意識やアクションを変えるつもりのない人は迷わず退場！

この時点で自分の意識やアクションを変える気がないとしたら、あなたが働く場所は、いまの飲食業界にはありません。きつい言い方かもしれませんが、そのような店長はすぐに退場して別の道を探したほうが、自分のため、チームのため、お客様のためです。

②社会的な影響・リスクの大きさを知る

ひと昔前までは、店長が自分の意識を変えなくても採用はできました。さらに、採用したスタッフのうち〝ウマの合う人〟を育てていけばよかったのです。ところが、前述のようにいまは違います。人は採れない、採用にかけるお金がない、おまけに自分も年齢を重ねているので柔軟にふるまうこともできなくなっています。

ちょっと反発心のある若手から、「店長、何を言ってるか、わからないんですけど」などと言われたことがありませんか？　また、何も言わずにスタッフが出勤しなくなった経験のある店長もいるでしょう。

あげくの果てには、ＳＮＳに「あそこの店長、ブラックだよ」「こんな店長、ありえない」と書き込まれたり、拡散されてしまったりすることもあります。そのような、いわゆるソーシャルリスクを考えれば、変わらずにいることなどできないはずです。

労基署に「パワハラだ！」と駆け込まれることもあります。「人の問題」で店側はまず勝てません。慰謝料や賠償金を請求されたり、最悪は自殺というケースもあるのです。

③自分の行動の一つひとつを注意深く観察する

スタッフが全員いっぺんに辞めてしまった！　といったよほどのことでもない限り、パッと意識が変わるような方法はありません。何週間、何カ月もの時間がかかるものです。本当に意識を変えるためには、自分の行動を、いつも自分自身で観察することです。

図1 | 店長が意識を変えるための4つのポイント

POINT 1

自分の考えや行動を変えるつもりのない人は迷わず退場!

あなたが働く場所は、いまの飲食業界にはありません。別の道を探しましょう。

POINT 2

社会的な影響・リスクの大きさを知る

店長の意識が変わらないリスクは10年前とは格段に変わっています。ソーシャルリスクや労務問題に巻き込まれるケースも増えています。

POINT 3

自分自身の行動を注意深く観察する

感情的になっていないか、上から目線でないか、相手に誤解なく伝わっているか、時間を守っているか、みずからあいさつをしているかなど、ごくあたり前のことをやっていますか?

POINT 4

相手に関心を寄せる

スタッフがどんな服装や髪型で出勤してきたか、どんなことに関心をもっているのか、どんな声のトーンか、疲れた顔をしていないかなどを気にかけていれば、「相手の価値観」が理解できるようになります。

店に入れば、あいさつやミーティング、お客様への応対、片づけなどがあり、その間に後輩や部下のトレーニング、売上の管理をこなし……と、毎日忙しく過ごしているはずです。その一つひとつの立ち居ふるまいを自分自身で観察し、

●相手の成長のことを考えての行動か
●感情的になり、頭ごなしに言っていないか
●上から目線で横柄ではなかったか
●相手に誤解なく伝わっているか
●時間を守る、あいさつをするなど、一般社会人としてあたり前ができているか

と、確認してみるのです。突然、積極的にコミュニケーションをとろうとおしゃべりになったり、無理に和気あいあいとしたムードを演出したりする必要はありません。ちょっと注意して自分の行動を見つめ、それを続けるだけでよいのです。

気持ちの方向性の矢印を自分に向けてみると、人が育たないときや辞めてしまうとき、「立地でも業態でも採用費のかけ方の問題でもなく、自分自身に問題はなかったか」と考えることができるようになります。こうした意識を続けていけば、少しずつ信頼されるようにもなるはずです。

④相手に関心を寄せる

自分で自分のことを観察できるようになったら、次はスタッフのことを気にかけてみましょう。何も「今日の調子はどうだ?」「何かイヤなことでもあったか?」などと白々しく声をかける必要はありません。たとえば、

- どんな服装や髪型で出勤してきたか
- どんなことに最近関心をもっているのか
- どんな声のトーンで話しているか
- 疲れた顔をしていないか

といった、ほんのささいなことです。

これらについて評価したり、指摘したりする必要はまったくありません(嫌われるだけです)。これまであまり気にしていなかったことに関心を寄せてみるだけでいいのです。

こうした習慣が身につけば、やがて「相手の価値観」が理解できるようになります。どんなことに価値を置き、見いだしているかがわかるようになるのです。

たとえば、休暇申請を受けるときの対応は、次のように変わってきます。

●意識が変わらない店長とスタッフの会話
「明日、休みたいんですけど……」

「なんだ！　また、バンド活動か。現実を見ないと将来、大変だよ」
●意識が変わった店長とスタッフの会話
「明日、休みたいんですけど……」

「バンドだろ、がんばってるな。シフトだけは対応協力よろしくね」

「ありがとうございます。リーダーに確認してみます」

「お客様のニーズを瞬間的に察知することは、バンド活動にも役立つと思うよ。どちらも両立できるようにがんばろうね」


あなたなら、どちらの店長のもとで働きたいと思いますか？　どちらの店長のもとならがんばろうという気になれますか？　人が働き続けられるかどうかは、このようなささいな対応の差です。人は時給で引き止めるものでも、制度で囲い込むものでもありません。相手に関心を寄せ、そのことを理解してもらえるかどうかなのです。

5 これからの飲食店長に必要な7つの要件

スタッフのやる気を引き出す店長とは?

　ここまで、飲食店の現状と、今後の繁盛店に必要な考え方をお伝えしてきました。次章からは具体的なノウハウを紹介していきますが、その前に、読者のみなさんがこれからめざすべき店長像についてお話ししたいと思います。

　私が考える、いまどきのスタッフのやる気を引き出し、自立したチームをつくり、店を繁盛に導く店長とは、次の7つの要件が備わっている人です。

①技術（仕事のスキル）
②考え方（ものごとの捉え方）
③伝え方（表現の仕方）

④聞き方（話を聞く姿勢）
⑤人間性（性格・感情）
⑥容姿（清潔感・かわいさ・かっこよさ）
⑦忍耐（待つ・タイミングを考える）

以下に、詳しく説明していきます。

①技術

ホールなら接客トークやセッション（リコメンドメニューのとり方や会計など、他の役割との連携）、アンケートのとり方、キッチンならメニュー開発、包丁やフライパンなど道具を使う技術があります。部下に磨いてほしい技術・スキルについて、店長自身がしっかり把握しておくことは、マネジメントの大前提です。

②考え方

人はどうしてもものごとをネガティブに捉える傾向があります。人に何か言われると、つい「もうやってられない」と投げやりになったり、ミスを指摘してくれた上司や先輩の悪口を陰で言うようになってしまいがちです。それに対して、できる店長は人のせいにせず、「指摘してくれてありがたい」と感謝したり、ミスをしたときにすぐに謝るなど、ものごとの捉え方をマイナスに考えない習慣を身につけています。

③伝え方

人を育てる意識をしっかりと身につけている店長は、「ちゃんとやっとけ」「とりあえずやっといて」「だいたい、わかるだろ」といった曖昧な言葉づかいをしません。

たとえば、新しくオペレーションが変わったとき、

「とりあえず変わったから、ちゃんとやっといて」

と言って終わるのと、

「今日からオペレーションが変わります。目的は、お客様の会計時のストレスをなくすためです。では、このシートで確認していきますね。①は……、②は……。理解できた？」

と基準を示し、イラストや動画などで確認をとりながら話を進めるのとでは、伝わり方が大きく異なります。

「ちゃんと」「とりあえず」などという表現は、受け取り方が人それぞれ。自分が望んだ

動きをスタッフがしなかったとき、「何回も言わせるな」と怒る店長がいますが、もしかしたら、それは店長自身の伝え方のせいかもしれません。

④聞き方

聞き方は、伝え方よりむずかしい面があります。スタッフが話したくなる、もっと意見を言いたくなるような聞き方をしているでしょうか。ましてや、腕や足を組んで背もたれにふんぞり返って聞いていないでしょうか。

私は、抜き打ちで自分の経営している店を回ることがありますが、まれに、ミーティングの場で店長が横柄な態度でスタッフの話を聞いているところに出くわします。ミーティングを欠かさないのはいいことですが、そのような聞き方では、スタッフから尊敬されることはありません。

⑤人間性

飲食業界には、職人気質なのか、説明もせずに急にスタッフを怒鳴ったり罵倒したりする店長がいます。一方で、変に気を使って強く言えないタイプの人もいます。どちらの場

図2　リーダーの7つの要件

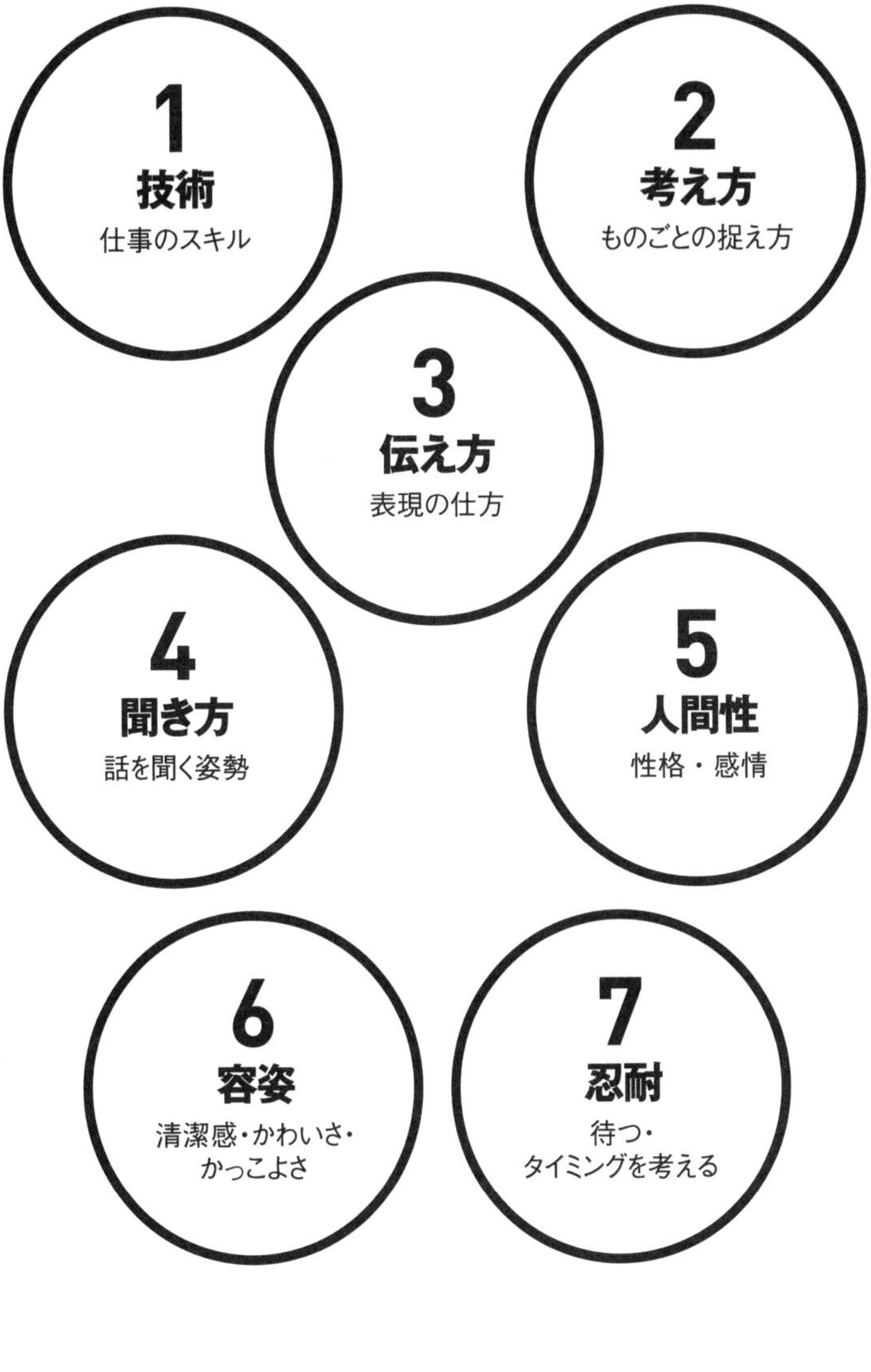

合も、感情のコントロールがうまくできないのでしょう。

とくに飲食店は、機械ではなく人間の働きが重要になってくる仕事です。店長と呼ばれる立場だったら、前日、イヤなことがあっても、その感情をひきずったまま出勤しないようにしたいものです。

ただし、店長も人間ですから、常に１００点満点をめざすのもむずかしいでしょう。まずは、スタッフに気を使わせない程度に、「いつも70点はキープする」ことから始めてみてください。

⑥容姿

飲食店は接客業ですから、「この人からサービスを受けたい」「この人に料理してもらいたい」とお客様に思ってもらうために清潔感はもちろん必須です。それだけでなく、スタッフから「あんな人になりたい」と憧れてもらえることは、これから働き手が少なくなる飲食業界では大事なポイントになります。

いくら技術やリーダーシップがあっても、靴下に穴があいている、ヒゲの剃り残しがあるというのでは、いまの若手には「この人のもとで働きたい」と思ってもらえません。

⑦忍耐

飲食店では、スタッフが1世代も2世代も違うとか、アルバイトが年上という状況も普通にあります。そうしたスタッフの指導や育成はすべて忍耐力がものを言います。

ミーティングで感情がコントロールできず、怒鳴ってしまったら、そのチームでは二度と生産的なミーティングは開けません。店長が反抗的なスタッフを注意して、その反抗的な態度がおさまるのを待って心を開き続けるのも、すべて忍耐です。

飲食店は店長とスタッフの意見が対立し、それが理由で辞められることも多い職場です。場合によっては、反対するスタッフを忍耐強く説得するのではなく、忍耐力をもって心を開いて相手の意見を理解し、譲歩することが必要なときもあります。仲違いが起きてスタッフが辞めれば、売上が千万円単位で飛び、新規採用に100万円以上かかることを考えると、いかに店長の忍耐力が必要か、おわかりいただけると思います。

また、スタッフに辞められることが続いた店長は、スタッフに対して猜疑心の塊になっています。新人が入ってきても、「また、こいつも裏切るんだろうな」という気持ちがよぎるのです。スタッフが心を開いても、店長が心を閉ざしたまま。これでは、結局、スタッフ全員が辞めていってしまいます。

6 自走するチームをつくっていく

自走する組織・チームとは？

前項の「飲食店店長に必要な7つの要件」を身につければ、スタッフが定着し、育成されていきます。定着や育成は店長が自分の力だけでできるものではありません。少しずつ定着・育成したスタッフが自律的に仕事を進められるようになり、スタッフがお互いに支え合い、切磋琢磨し、育っていくのです。

そのとき、自分たちで、自律的に仕事を進めることができる、いわば**自走するチーム・組織**に育っていきます。そうしたチームでは、自分の店に適った文化といったものが醸成されるでしょうし、その文化と店長・経営者、オーナーなどの意向やキャラクターとの接点を見つけて採用や育成をチーム独自に考えていけるようにもなります。

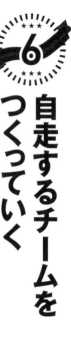

次々と新しいしくみを取り入れる

評価するしくみをどう見直すかについても、スタッフのわがままでもなければ店長の独断でもなく、経営者やオーナーの独断でもない、みずから運営していくにふさわしい評価を盛り込むようになります。

また、それができる頃にはスタッフが社内コンサルタントとして自分の店やチェーン店での指導・育成にあたることもできるようになるでしょう。そうした新しい仕事を〝社内副業〟として認めていけば、本人にとってもお店にとっても仕事の幅が広がります。

もちろん、店として独立を支援するしくみをつくることもできるでしょうし、接客教育、資格取得、仕入れや発注、顧客管理、リスク診断など飲食店内の特定業務のＦＣや業務委託制度を取り入れることも不可能ではありません。

いまは飲食業も、まさにさまざまな働き方をみずから見つけ出し、多様化していく過渡期です。そのような働き方、しくみを取り入れることも「自走するチーム」になればできるのです。ぜひ、そのような将来も想定しつつ、リーダーは自分の店とスタッフのマネジメントを発展・進化させてください。

2章

人が辞めない！
飲食店の「採用」

1 採用費を100万円かけても採用できない

売上が悪くないのに閉店してしまう事態に

飲食店にとっていま一番困っていること。それは社員スタッフ、パート・アルバイトスタッフなどの「採用」ではないでしょうか。

飲食店は、スターバックスに代表されるようなカフェなどの「軽飲食」系と居酒屋チェーン、レストランなど厨房で料理をつくって提供する「重飲食」系に分けることができます。「人の問題」は、とりわけ重飲食系で深刻で、求人してもほとんど応募がない状況です。**時給を上げても人が来ないのが、いまの飲食店の採用事情**です。

少なくとも私の知る範囲では、「人が採れないから店を続けられない」というところが出ています。深夜、店長1人で営業している飲食店もあり、継続したくてもできない状態に陥っているのです。

私が20年以上、飲食店経営に携わってきた経験では、求人に応募がまったくないという状況はありませんでした。他の業界からすれば入れ替わりは激しかったかもしれませんが、必ず「働いてみようかな」と思ってくれる人はいたものです。

それが、**10年前の採用のハードルを1とすると、いまは10くらい**。まさに、ひと頃の10倍くらい採用がむずかしくなっています。

もちろん、なかには採用や育成などの「人の問題」に困っていない飲食店もあります。「人の問題」の壁を乗り越えて成長している飲食店もあるでしょう。しかし、そういう店は全飲食店のほんの数%。ほとんどの飲食店が人の問題に直面し、解決の糸口を見いだせていないのが実態です。

売上が悪いわけではないのに、結局、店を閉めざるをえない……。そんな危惧を抱きながら営業を続ける店はますます増えていくでしょう。

人が確保できれば、店は確実によくなる!

でも、本当にそれは少子化や不況などの時代のせいでしょうか? 私は、店のトップであるリーダーが、その危機感の大きさをしっかり認識しているケースが少ないのが問題のように感じます。

「最近、採用どう? 人、採れてる?」

「ぜんぜんダメですね。採用してすぐ辞めてしまうならまだよくて、そもそも応募がないんですよ」

「アルバイトの募集だと、1人あたりいくらくらい、かけてるの?」

「ざっと20万から30万円くらいはかかっていますね」

……どこの飲食店でも、採用についてはだいたいこんな会話になっています。

しかし、よく考えてみてください。**その30万円の採用費のためには、どのくらいの売上が必要になるでしょうか?**

たとえば焼き鳥店なら、焼き鳥の平均単価が150円とすると、30万円÷150円=2

000本になります。焼き鳥の平均原価が50円とすると、焼き鳥を1本売ったときの粗利益は100円。少なくとも、採用にかかる30万円は、3000本は売らないと捻出できません。

ところが、実際にこのような計算もしないまま、

「人が採れない！」

「採用は本部がしっかりやってくれないと！」

「ウチの店にも、別の繁盛店から応援をよこしてください」

「ウチのオーナーは何もしてくれない」

と、ただ文句を言っているだけの店長が少なくありません。

もう、これまでのような募集では応募がまったくないということは、あなた自身が身にしみてわかっているはず。それならば、まず考え方や手法を変えていくしかありません。

2章では、この厳しい時代でも、人が集まる店にするための「採用」の工夫について、お話ししていきます。

2

募集の方法を変えよう

採用の手段は人材情報サイト以外にもある

人材募集というと、人材情報誌・サイトや、店のホームページに募集広告を出すだけになってはいないでしょうか？　それで応募があり、採用できるのならいいのですが、誰の応募もないのなら方法を変えないといけません。

店内や店頭に「スタッフ募集！」といったポスターを貼ったり、チラシを置いたりしている店もあると思いますが、表現方法や掲載写真など本当に熱意を込めて工夫しているでしょうか？　**「1日体験入店」「月1出勤」「日払い計算で対応」**など、あの手この手の採用メニューを用意しているでしょうか？

多くの飲食店では、実は「やっていても力を入れてやっていないこと、他店でやっていることは聞いているけど、自分の店ではやっていないこと」も多いはずです。そういうことがあれば、新たな取り組みとして実行してみましょう。

いい人が集まる確率が高い「スカウト」と「紹介」

私の場合は、まず**店内スカウト**をおすすめしています。店内で、店長や店員が「一緒に働かない？」とお客様にアプローチするのです。

また、**スタッフの紹介**も重要視しています。「リファラル採用」と呼ばれている方法です。リファラル採用とは、お店の店長やスタッフなどから友人・知人などを紹介してもらって採用する手法です。リファラル（referral）には、「推薦」や「紹介」という意味があります。日本では古くから縁故採用という手法がありましたが、それよりも、本人のやる気やスキル、能力、素質などを見極めて採用する傾向があります。

この手法をうまく取り入れれば、採用コストは減りますし、求める人材を紹介してくれる人に事前に伝えるため、人材のミスマッチも防ぎやすくなります。一方、いい人材を紹介してもらえないと採用のかかる時間は長引きがちになり、スタッフが協力的でなければ採用は実現しにくい面もあります。

店長としては、まず、スタッフにリファラル採用を積極的に行なっていることを伝えます。そのための動画などを用意して、「ウチの店で人を募集してるんだけど、どう?」と動画を見せつつスタッフに言ってもらえるような雰囲気づくりも大事です。紹介されたスタッフの友人・知人も、そのほうがどんなお店か判断しやすいものです。

もちろん気楽に紹介できる雰囲気づくりや副業としての応募もOKなのかなど規則的なことは明確に決めておきたいもの。単に紹介してもらうだけではないのですから、紹介したあとに、どのような手順で採用に至るのか、その段取りも明確にしておきます。

たとえば、新しい人を紹介してくれたスタッフには、報奨制度を用意することも一般的です。入社後、3カ月継続したら、紹介してくれたスタッフに報酬を支払うなど、社内でのルール設定も必要です。契約書の作成について専門家(社労士など)に相談することなどは必要ですが、以下に具体的な方法をお伝えしていきます。

①店内スカウトをする

店内スカウトとは、店に来てくれているお客様に声をかける、ということです。このメリットは何と言っても、スカウトする側・される側がお互いのことを知っている間柄だということです。

飲食店なら、ご飯の食べ方、飲み物の飲み方、おしゃべりの仕方など、相手の立ち居ふるまいについて店側がほとんどわかっている間柄です。相手のほうも店の雰囲気や接客の仕方などについて知ってくれています。その人自身がダメでも、知人を紹介してくれるかもしれません。

高いお金を支払って募集広告を出しても、応募してくるのがどんな人かはわかりませんし、はたして何人応募してくれるのか不安にもなりますが、それよりもずっと手軽で確実な方法です。

「こんな人がスタッフにいてくれたらいいな、と思うような人は、だいたい別のところで働いている」とあきらめたりせず、「いいな」と思っているお客様に、

「ホントは○○さんみたいな方がいいのだけど、もしお友達でアルバイトをしたいという方がいたら、ぜひ紹介してくださいね！」

と軽い雰囲気でアプローチしてみてください。

店がそのお客様を大事に思っていることを伝え、「その人の紹介なら自信をもって一緒に働いてもらえる」と信頼感を示すのがポイントです。

現状は、どんな飲食店でも人手が足りません。ですから、そのようなアプローチをずっと続けていきましょう。

②イベントに協力してもらう

店内スカウトがむずかしい場合は、まずはスタッフの知人に「イベントに協力してもらう」ということでもいいでしょう。ハロウィン・イベントやお花見時期の店内イベントなどで、「手伝ってもらえませんか？」と働きかけるのです。

ここで大事なのは、**「雇う」ことではなく、店の空気になじんでもらうことに重きを置くこと**。こちらの「歓迎のハードル」をぐっと引き下げ、「スタッフの紹介なら、どんな人でも歓迎するよ」という姿勢を店長みずから示すことです。そうすれば、紹介してくれたスタッフからの信頼も増すでしょう。

3 新しい採用手法に対応する

これまでとは異なる取り組みが必要

採用手法については、これまでの手法がまったく通用しなくなってきました。まず、採用市場で活用される求人検索エンジンが進化しています。

求人検索エンジンとは世界中・日本中のネット上の求人情報をかき集めることのできる検索エンジンで、その代表が「Ｉｎｄｅｅｄ」です。新しいシステムでは求人票の7割を網羅して検索できるので、飲食店の求人の場合も、これを意識しないで対応することはナンセンスと言ってもいいでしょう。

店長としては、まず、求職者にヒットしやすい求人票をどうつくるかを考えていかなければなりません。求人票というと従来のハローワークで扱う求人票を想定するかもしれませんが、それでは通用しません。たとえば、採用サイトに載せる求人票にスタッフやお店の画像を掲載することなどは、多くのお店でやっています。

併せて、自社のコーポレートサイトとは別の採用サイトをつくり、自社サイトなどと連動させることもいまではあたり前になってきました。どのような採用サイトをつくり込むか。お店によって異なりますが、これまでの飲食店とはまったく異なる「ネット原稿づくり」「サイトのつくり込み」といった仕事に取り組む必要もあります。

これら新しい採用の潮流に対しては、「自分の店のＩＴが得意なスタッフにやってもらう」というのでは対応しきれない面もあります。採用関係のウェブコンサルタントの指導やアドバイスを受けるなど、専門的な取り組みが不可欠になってきているのです。もちろん、採用のＤＸ化・アウトソーシング化も急速に進んでいます。それだけに、採用コストは従来にも増して上昇しています。

そのほか、採用手法でどのような変化があり、どう対応すべきかをピックアップしてみました。

①隙間時間を活用した採用プロダクトを活用する

求職者の隙間時間を活用して働いてもらうしくみとして、飲食店では「タイミー（Timee）」を活用しているお店も多いでしょう。そのタイミーでは、隙間時間の活用だけでなく、働いてもらったうえでスカウトできるしくみも整えています。このしくみを活用すれば、お店にマッチした人のスカウトもでき、スピーディな面談もできます。短時間でも働いてもらっているので、お店の現場に採用権限を委譲することも可能でしょう。

②リファラル採用を活性化させる

リファラル採用については前述しましたが、たとえば、リファラル採用で得られるスタッフのインセンティブを社内副業のように考えたり、職種ごとにリファラル採用のための紹介動画を作成してコンテンツを充実させたりすれば、採用そのものが活性化します。

③採用は採用DXと既存媒体のハイブリットで考える

現実には、これまでの採用方法がいいという店もあれば、新しい手法しかやらないという店もあるでしょう。効果やコストなども含めて一長一短あるのは事実です。そこで、採用DXと既存媒体をハイブリッドで捉え、採用手法の〝いいとこどり〟をしてみてはいかがでしょう。
たとえば、アナログに立ち返り、採用サイトに載せる求人票・募集原稿の見せ方は正しく工夫できているか、いま一度見直してみるのです。求職者からすれば、飲食店も、他の店や企業も、似たような求人がたくさん並んでいます。そのなかで、自社の募集原稿を検索でヒットさせるには、検索ワードをうまく盛り込んだ原稿にする必要があります。

何より重要なのは、「誰に」、「何を」を1つに絞り、それだけでなく、「何が」求職者にとってメリットなのかを表現していくことです。いかにメリットある表現に変換するか、この知恵が大切です。たとえば、自立心のある若手の社員を採用したいときは、

誰に→たとえば京都で一人暮らしをしたい20代の若者

何を→自立して働くことができる環境

に絞り、そのうえで、「何がメリットなのか」が伝わるような表現にしていくのです。

「憧れの一人暮らしが月5万円でスタートでき、グループで運営している飲食業で50%オフで日頃の食事や友達や家族との食事にも活用できます！

お給料に余裕ができたら、その資金で積立NISAもチャレンジできます！」

といった感じです。求職者が自分自身の未来を想像したときに、明確なメリットをイメージできることがとても大切です。

これはマーケティング用語で言うと、「ターゲット設定」というより「ペルソナ設定」です。「どんな求職者にターゲットを絞るか」ではなく、「こういう人物に応募してほしいという仮想の人物（ペルソナ）を店側が設定して、そのペルソナに共感してもらえる人に応募してもらう」のです。

なお、そもそも面接に来てくれないという悩みを抱える飲食店は、「**好きなドリンクを聞く**」というのもおすすめです。応募があったときに、たとえば「コーヒーとジュース、どちらがお好きですか」と聞き、求職者が「ジュース」と答えてくれれば、「面接当日はジュースを用意してお待ちしています」と答えるのです。求職者は「せっかくジュースを用意してくれるなら……」と面接に来てくれます。

求職者はお客様でもあります。そういった「さりげないおもてなし」の積み重ねが、求職者を大事に思う採用につながっていきます。

4 繁盛店のスタッフづくりは「面接」から始まる

大事なのは技術ではなく「雰囲気になじむかどうか」

1章でも述べましたが、残念ながら、店長が100満点と思えるような人材は飲食店にはなかなか来ないものです。いまは、トラブルを起こすような要素がなければ、まずは採用してしまうのが実態です。

とはいえ、最低限、採用で大事にしたい基準はあります。それは、**「店の雰囲気になじむかどうか」**です。

たとえば、スターバックスのように店の個性がはっきりしていて、有名な大手チェーンの場合は、「スタバっぽくない」人は応募してこないでしょう。応募してきたとしても、きっと採用されません。買い手が優位な店では、おのずとその店の雰囲気に合う人が集まるものです。

ところが、多くの飲食店はそうした状況にはありません。それだけに、「店の雰囲気に合うかどうか」は大きな問題なのです。そこを外してしまうと、結局、人間関係が悪くなったり、店の目標と個人の目標がどうしてもずれてしまうのです。

余談ですが、私の娘がスターバックスでアルバイトしていた時期がありました。「なんで採用されたの？」と聞くと、「よくわからないけど、スタバのエプロンが似合いそうだったから、って言われたよ」と答えてくれました。

「店の雰囲気と合うスタッフを集めること」が、いかに店のブランドづくりに大事か、改めて納得しました。

飲食店の面接はむずかしい

面接までのアプローチをどうしたらよいかを見ていきましょう。

人材募集の仕方などはまったく様変わりしていますが、「人材募集を行ない、応募者の面接をする」という手順そのものは変わっていません。

大きく変わったことは、まず応募者は応募する店のことに本当に詳しくなっていることです。詳しくなったうえで、「やめておこう」と思ったら、まず、応募してくれず、面接を断ってきます。いわば〝冷やかしの応募〟はなくなっているのです。飲食店も同様で、「店のメニューやスタッフの働きぶり、規模感、やってほしい仕事、店長の対応」などをすべてわかったうえで応募しているのです。

同様に、店の採用担当スタッフや店長も応募者の経歴、やる気、求めるもの、資質などをよく知ったうえで面接します。応募から面接までの間に、頻繁にお互いのことを知り、認知を深め、興味・関心をより高めてもらうためにＬＩＮＥやメールのやりとりを頻繁にするケースも多いからです。

もし、「どんな店・応募者か、面接で会ってみないとわからない」といったことがあれば、採用の段取りができていないことの表れです。だからこそ、面接は1次面接が従来の最終面接のようになり、「店の雰囲気に本当に合うかどうか」、その1点だけで判断することが大事になるのです。

「店の雰囲気に合う」人かどうかは、そのアプローチを経た面接のときに見抜く必要があります。

しかし、飲食店の面接はとてもむずかしいものです。就職活動の学生のように面接慣れしているわけではありませんし、営業職のように流暢に会話ができる人が応募してくるわけでもありません。ユニフォームを着てキッチンに立てばすごく〝様になる人〟でも、着慣れないスーツを着て、必要以上に緊張しているのが飲食店の面接です。

面接する側としては、面接がうまいか下手かはどうでもよくて、自分の店で接客ができるのか、キッチンでの仕事はできそうかなどが気になるところですが、面接の場ですから、相手が緊張してしまうのは仕方ありません。

そこで、応募者の話の内容だけでなく、「雰囲気が合うかどうか」を見るのです。といっても、**あいさつをしてもらってみて違和感がないかどうか、健康そうかどうかを確認する**くらいでも十分です。

逆に、「このお店、合わないな……」と思われないように、こちらが応募者の雰囲気に合わせることも大切です。

「××大学の山川です。中学のときからずっとバレーボールやってます！」と、はつらつとした人だったら、「元気がいいね！　飲食店でバイトしたことある？」などと、面接を盛り上げます。

一方、引っ込み思案そうな人の面接で、スタッフが「がんばろうぜ！　一緒に店をがっつり引っ張っていこうな！」と強気で攻めてしまうと、「私、無理かも……」と思われてしまうこともあります。まずはコミュニケーションスタイルを相手に合わせ、そのなかで店の雰囲気になじめそうかを見ていくのです。

また、雇う前に店をよく知ってもらうようにしましょう。どういう店なのか、どんな人を求めているのかを、面接時に、店長みずから丁寧に伝えます。現場の様子を感じてもらえるよう店内で面接したり、1日体験入店してもらうのも、ひとつの手です。

ともすると、このような試みは採用する側が優位な立場で行ないがちですが、いまはそのような環境にありません。**選ぶのは店側ではなく、応募者側**だという気持ちを忘れずに対応したいものです。

5

スムーズに定着させる新人スタッフの迎え方

あいさつは先輩からするもの

せっかく入ってくれたスタッフが数日で何も言わずに来なくなった……。そんな話もよく聞きます。**新しいスタッフに働き続けてもらうためには、とにかく初日が大事です。**

新人になじんでもらうためには、まず、初日から店長も含めすべてのスタッフが声をかけることを忘れないでください。「よろしくね！」のひと言だけでもかまいません。「ウチのエプロン、すごく似合ってるね」なんて声をかけられたら、誰でも「今日からがんばるぞ！」という気持ちになるものです。

新人が入ってくると、店長だけではなく既存スタッフも、「自分たちのチームになじめるかどうか」の見極めを行ないがちですが、とにかく徹底的に「一緒に働こう！」と歓迎して、ウェルカム・ムードを高めましょう。

スタッフを採用してもすぐ辞めてしまう店の特徴として、「あいさつは後輩からするもの」という文化があります。更衣室で新人が着替えているとき、先輩が入ってきたのにあいさつできなかったら、即、いじめの対象になる……そんな店です。

あいさつなどを心得ている新人なら、「こんにちは！　今日からアルバイトで入った山川です。よろしくお願いします！」などと、あいさつもできるでしょう。しかし、それを当然のように期待してはいけません。「ああ、どうも……」と中途半端なあいさつで立ち去ってしまう人もいます。緊張して話しかけていいのかどうかわからない新人もいます。するとと、先輩スタッフに「あいさつもできない」と陰口を言われ、新人アルバイトはいっぺんに居心地が悪くなり、辞めてしまうのです。

よい雰囲気づくりのためには、新人が入ってきたら、

「私、半年前からアルバイトにきている吉田といいます。よろしくね。着替えた服はその棚に置いておけばいいから。わからないことがあったら、何でも聞いて」

などと、先輩スタッフから声をかけます。

もちろん、店長から既存スタッフ全員が声をかけるようにします。気のきいた言葉でなくてもかまいません。分け隔てなく、全員が声かけを率先して行なえば、新人は初日からいい雰囲気になじんでくれます。

先輩からの「声かけ文化」は1日でつくれる！

先輩スタッフ全員が新人の初日から声をかける文化は、1日でつくれます。何日もかけて、たくさんのロールプレイングを重ねて身につけるようなものではありません。

なぜなら、先輩からの声かけ文化は、「あたり前だけど、大切なこと」のひとつ。右も左もわからないところに放り込まれたら誰でも不安になるものですが、そんなとき、そこにいる人からの声かけに救われた気持ちになったことは誰にもあるはずです。そのありがたみを自分たちが積極的に新人に感じてもらうだけでいいのです。

幼い頃、誰かから何かをもらったときは「相手の目を見て、ありがとうと言いましょう」と教わってきたはずです。困っている人を見かけたときは、「どうしたの？　大丈夫？」と声をかけることの大切さを教わってきたはずです。

「先輩からの声かけ」は、そうした幼い頃からの「声かけ文化」の延長線上にあるもの。昔教わったことを思い出せば、誰でもすぐにできるようになるはずです。

私たちは仕事となると、つい「スキルを高める」とか、「お金を生み出す」などと考えがちです。そのため、あたり前に生きていくために大切なちょっとしたことを忘れがちになるのかもしれません。

しかし、雰囲気づくりで大切なのは、この「あたり前に生きていくために大切な、ちょっとした思いやり」を思い出し、大事にしていくこと。先輩から率先してあいさつするだけで、新人が店に根づく大きなきっかけになります。

この先輩からのあいさつができていない店は、その店だけでなく、他の系列店でも本部でもできていません。少し前までは、それでもよかったのでしょう。その輪のなかに、新人が入れるかどうかは新人が考え、努力してなじめばよかったのですから。

しかし、いまは、そのような対応は通用しません。「居心地がよくないから、辞めて別の店に行こう」と思われて、おしまいです。

とにかく、初日からスタッフ全員が新人に声をかけ、新人が自分たちの輪に入ってきたような**ウェルカム感**を出していかないといけません。

6

「いい雰囲気」をつくる基本ルールづくり

新人にやる気を出してもらうための基本ルール

新人がすぐに辞めない「いい雰囲気」をつくるためには、**「これだけは徹底したい」という基本ルール**をつくっておくべきです。

たとえば、「誰かと話すときは、足を組まない、腕を組まない、背もたれ禁止」。なぜかというと、人を頭ごなしに注意することが一番雰囲気を壊すことになるからです。

せっかくいい雰囲気がつくれても、「ダメって言っただろ」「何度言ったらわかるんだ」などと注意されたら、注意した本人も、まわりにいるスタッフも、一気にやる気が失せてしまいます。

スタッフのみんなが「あたり前だけど大切なこと」と思っているような態度・行為につ

いては、基本ルールとして決めてしまったほうが、いい雰囲気を壊さずに働くことができます。

基本ルールの内容は各店それぞれですが、まず関連するのが**接客の型**です。

飲食店では、

「こんばんは。何名様ですか？」

「2名です」

「2名様、ありがとうございます。こちらのテーブル席へお願いします。2名様で1卓ご案内です！」

といった接客の型がありますね。

接客の型ができあがっていれば、スタッフ間でのフォーメーションができてきます。フォーメーションができれば、誰が、どう、注文をキッチンに伝えるのかが明確になります。飲食店では、**オペレーション設計**と呼ばれているものです。

オペレーション設計ができれば、スタッフの手や目線はどこに置いておくのがふさわしいかなど、スタッフの新たな基本ルールづくりにも結びつきます。

次ページは、スタッフの入店から退店までの「分割オペレーションシート」の一部です。店のオペレーションの「作業工程表」と考えていただいてもいいでしょう。

この表にある「中間バッシング」とは、お客様のお皿が空になったとき、途中で下げること。たとえば、このタイミングをいつにするか、どのように声かけをするかなどについて、基本ルールとして決めていくのです。

このような**場面ごとの基本ルールを決めておくと、「注意する機会」が格段に減ります。**それが雰囲気を壊さないことにつながり、新人スタッフにも教えやすく、初日の段階から安心して働いてもらえるようになるのです。

なお、基本の型は、大手チェーンならマニュアルとして用意されているでしょう。しかし、数店舗程度の規模だと、マニュアル化されていない店がほとんどでしょう。用意されていても、機能していないか、フリースタイルでやっているのが実情です。

なぜ機能しないのかというと、他店のマニュアルを流用しているとか、スタッフの入れ替わりが激しいからなど、さまざまな理由がありますが、最大の理由は**店長がどのようにマネジメントすればいいのか、指導を受けていない**からです。

基本動作）

<table>
<tr><th>動作</th><th>注意点</th></tr>
<tr><td>両手は前に、右手を下にして手を組む</td><td>店の入り口に注目</td></tr>
<tr><td>お客様の顔を見て分離礼</td><td>元気よく、笑顔ではっきりと</td></tr>
<tr><td>お客様の先頭にたち誘導手のひらで指し示す</td><td>大きな声で店全体に一人ひとりに丁寧に手渡す</td></tr>
<tr><td>おしぼりを広げてお客様の目の前に差し出す</td><td>一人ひとりに丁寧に手渡す</td></tr>
<tr><td>メニューを差し出し、少し考える間を与える</td><td>待機中にドリンクの準備をしておく</td></tr>
<tr><td>速やかに席まで行き、注文を受ける体制をつくる</td><td>迅速に席まで行く</td></tr>
<tr><td>お客様の顔を見て数字は指で示す</td><td>商品名と数字ははっきりと確認する</td></tr>
<tr><td>伝票とお客様の顔を見合わせながら丁寧かつ迅速に</td><td></td></tr>
<tr><td>軽く一礼して立ち去る</td><td></td></tr>
<tr><td></td><td></td></tr>
<tr><td>それぞれのお客様の前に丁寧に置く</td><td>お客様の了解がない限り、１カ所にどかっと置かない</td></tr>
<tr><td>音を立てないようそっと置く</td><td>お箸の届きやすい場所に置く</td></tr>
<tr><td>軽く一礼して立ち去る</td><td>空いた皿はこのときにさげる</td></tr>
<tr><td>お客様のテーブルの近辺に立ち、常に注意しておく</td><td></td></tr>
<tr><td></td><td rowspan="7">中間バッシングは基本的に仕事の流れのひとつというより、むしろサービスの提供の「ヤマ場」と考えたほうがよい。このサービスを通して、お客様との会話の機会を得たり、店の真心を伝えることのできる機会になる。
中間バッシングをいかに行なうかが、リピーターを確保する最大のポイントになると言っても過言ではない</td></tr>
<tr><td>うれしそうに笑顔で対応</td></tr>
<tr><td>灰が飛ばないよう、新しい灰皿をかぶせて取る</td></tr>
<tr><td></td></tr>
<tr><td>ドリンクが少なくなってる方の顔を見ながら</td></tr>
<tr><td></td></tr>
<tr><td>おすすめのメニューをさしながら</td></tr>
</table>

※「あきない虎の穴」（大阪産業創造館）著者担当講座の資料「飲食店接客用語及び基本動作考察シート」より

図3 「分割オペレーションシート」の例（接客用語と

事項	接客用語
1. 待機	
2. ご来店	「こんばんは」「いらっしゃいませ」「お客様何名様ですか」
3. 案内	「ご新規○名様です」「こちらの席どうぞ」
4. ファーストセッション	「ご来店ありがとうございます」「こちら取り皿にお使いください」
5. 注文を受ける	「ご注文の方お決まりになりましたら、お呼びください」
●お客様に呼ばれたら	「はい、すぐにお伺いいたします」「お待たせいたしました、お伺いいたします」
●お客様のオーダーに対する反応	「○○がおひとつ」「○○がおふたつ」
●オーダーを確認する	「オーダーの方もう一度確認させていただきます」「○○がおひとつ、○○がおふたつ」
●オーダーを聞いてテーブルを立ち去る	「ご注文は以上でよろしいですか」「少々お待ちくださいませ」
6. 商品の提供	
●ドリンクの提供	「生ビールの方」「レモン酎ハイの方」
●フードの提供	「お待たせいたしました○○です」
●オーダー終了時の確認	「ご注文は以上でお揃いですか」「ごゆっくりどうぞ」
7. 待機	
8. 中間バッシング	
●追加オーダーを受けるとき	「フードの追加オーダーお伺いいたします」「ありがとうございます。○○がおひとつですね」
●灰皿を下げるとき	「灰皿お取り替えいたします」
●空いた皿を下げるとき	「空いたお皿お下げいたします」「そちらのお皿お下げしてよろしいですか」
●ドリンクのおすすめを行なうとき	「ドリンクの追加ございましたら、お伺いいたします」
●追加ドリンクがない場合の対処法	「熱いお茶でもお持ちいたしましょうか」
●デザートのおすすめを行なうとき	「食後のデザートいかがですか」「よろしければ何かお伺いいたしましょうか」

「私たちの店はコレでいこう！」と決めたからには、店長が責任と自信をもって実行していく決断をすることが重要です。

基本ルールを徹底させる具体策

それでは、こうした基本ルールをチームにどう浸透させたらいいでしょうか。

たとえば、店舗内のお客様から見えないところに貼り出しておいてもいいでしょう（お店によっては、あえてお客様から見える場所に貼ってもいいかもしれません）。ＹｏｕＴｕｂｅに基本ルールに関する動画を限定公開して載せるのもいいでしょう。

私の店では、**基本ルールを動画にしてスタッフのＬＩＮＥグループで共有**しています。スタッフが実演し、それをスマホで撮って配信するだけです。

たとえば、新人スタッフを雇ったときなどは、初出勤の前に、

「出勤時は、このような対応で入ってください。『おはようございます。本日も一日よろしくお願いします！』と言って、分離礼をします」

「着替えたら、『店長！　打刻・手洗い・消毒・笑顔、OKです。今日も一日お願いします』と店長に声かけをします」

といった基本のルールを示した動画を見てもらいます。そうすることで、初めて出勤するときの不安を取り除くことができます。

もちろん既存のスタッフも、貼り紙や動画などで基本ルールを徹底することで、

「おい、おまえ、手洗ったか？」

「おまえ、タイムカードに打刻したのか？」

などと、いちいち注意することがなくなります。つまり、雰囲気を壊すことがなくなるのです。

雰囲気を壊すのは誰でもできる！

「いい雰囲気」とは、働く場としてみんなが共感・共有できるものであって、遊びで集まっているのではありません。

私の指導先では、もし、誰か1人が基本ルールを守らない行動に出ると、店長とスタッ

フが一緒にこう合唱するようにしています。

「雰囲気壊すの誰でもできる！」

あくまで冗談っぽく言うのがポイントですが、雰囲気を壊さないようにしようという習慣づくりにもなりますし、「みんなで決めた基本ルールは守っていこう」というケジメにもなります。

「雰囲気壊すの誰でもできる」というのは、5人のチームでも、100人のチームでも同じです。たった1人の「ちぇっ」という舌打ち、「つまんねえな」という態度で雰囲気は簡単に壊れてしまうのです。

これは逆に言うと、いい雰囲気を壊さず、新人が働きやすいと感じる店にするためには、努力が必要だということです。日々の努力なしに、いい雰囲気をつくることはできません。まずは、スタッフに「雰囲気を壊すことは簡単にできる」ということを知ってもらうことが大切です。

そして、基本ルールを定めて習慣化することで、「いい雰囲気」で新人を受け入れられることができる店舗運営が継続できるのです。

7 すべての基本は「分離礼」にあり

自分の心を開いて相手を受け入れる姿勢をつくること

前項で、基本ルールは「接客の型」から決めていこうと述べましたが、最も基本のルールとなるのが「あいさつ」です。

そもそも、あいさつの定義とは何でしょうか？　新人に、「なんで、あいさつをしないといけないんですか」と聞かれたとき、あなたなら、どのように答えますか？

「常識だから」「コミュニケーションとしてあたり前のことでしょ」「場の雰囲気をよくするため」など、いろいろな〝あたらずといえども遠からず〟の答えが返ってきます。

それでまったくダメとは言いませんが、スタッフを教育・指導していくには、「私たちの店では、こう考えます！」という統一した定義が必要です。

私は、飲食店でのあいさつの定義として、**「まず自分の心を開いて相手を受け入れる姿勢をつくること」**と伝えています。相手が心を開いたら自分も開くといった高飛車なスタンスではなく、どんな場面でも「まず自分から」です。

では、その気持ちがどうやったら相手に伝わりやすいのか。それは**分離礼**を徹底させることです。

分離礼とは、

- 相手の目を見て、「おはようございます」↓礼
- 相手の目を見て、「今日もよろしくお願いします」↓礼
- 相手の目を見て、「サポートいただいてありがとうございます」↓礼
- 相手の目を見て、「来店ありがとうございました。またお待ちしています」↓礼

といったように、言葉と礼（おじぎ）を分けて、あいさつすることです。

「あざっしたー（ありがとうございました）」などと、言葉と礼を分離させずにあいさつをする店をよく見かけます。はっきりとした口調であいさつしないのはもちろんNGですが、さらに言葉と礼が同時だと、あいさつの瞬間は下を向いていることになります。つま

図4 分離礼の基本

1 相手の目を見て、あいさつする

2 おじぎをする

POINT

あいさつの言葉を言いながら、頭を下げるのはNG! あいさつとおじぎはしっかり分けて行なうのが、正しい分離礼のやり方。

お客様に対してはもちろん、スタッフ間でも同じあいさつをすることが大事。

り、あいさつがお客様に届かないのです。

そうすると、お客様は「なんだ、態度の悪いやつだな」「スタッフ教育がなっていない店だな」といった反応になります。もしかしたら、あいさつをしている当人は、素直に明るくあいさつをしているつもりなのかもしれません。でも、それが伝わらないのです。

自分が一生懸命働いているのにお客様にそれが伝わらないと、「え、なんで？」と不可解で、「飲食店なんておもしろくない！」と思うようになり、結局、辞めてしまいます。

これが最初に分離礼を正しく教えていると、初日からお客様の帰り際に、

「お兄さん、おいしかったよ」

「ありがとう、また来るね」

などと言ってもらえます。

それだけでも、新人スタッフは喜びを感じます。「働いてよかった」「いい店で働いている」という気持ちになります。

こうした小さな成功体験で、**新人が「これからもがんばろう！」という気持ちになり、「この店で長く働こう」と思うきっかけになる**のです。

このようなシーンをたくさん体験させてあげるのが、店長の役割です。何も、初日から必死に仕事を覚え込ませるのが、あなたの役割というわけではありません。

分離礼で「いい雰囲気」はつくれる!

分離礼が理解でき、自然にできるようになれば、いいことばかりが起こります。先輩スタッフとも仲よくなり、お客様からも誤解されなくなり、むしろ褒められます。周囲から信頼されるようになるのです。

逆に、どれだけスキルを高めたベテランでも、あいさつの仕方をひとつ間違うと、とたんに信頼されなくなります。

たとえば、新人スタッフに初めて会ったとき、ベテランスタッフがぼそっと、

「あ……、田中です」

と消え入りそうな声で言ったとします。

当然、新人は、「なんなの? 頼りなそうな人」と思うでしょう。親しくもなれません。

ベテランスタッフも心のなかでは、このチームでがんばりたいと常日頃から思っている

かもしれません。それなのに、初対面のあいさつのときに、新人に早くも誤解されてしまうのです。それが、

「田中といいます。よろしくお願いします！」

と言って分離礼で会釈をすれば、新人は、「ちゃんと仕事モードになっている。頼りになりそう」と思ってくれるでしょう。仕事仲間として親しくなれそうな気もします。

そこから、店の接客は楽しい、働くって楽しいことだという感情がお互いに生まれ、それがその店の文化として醸成されていきます。

新人が初日から働きやすく、店のスタッフ全員が「いい雰囲気」をつくれる基本ルール、それが「分離礼のあいさつ」なのです。

マニュアル以上のメリットがある分離礼

分離礼を徹底する。こう言うと、かつての大手ファストフードチェーンのマニュアル重視・マニュアル依存体質のように思う人がいるかもしれません。

マニュアルは安全・安心を守るための基準であり、大手ファストフードチェーンであれ

ばどの店でも共通する基本の姿勢です。それがあればこそ、リスクを回避し、新人でも初日から先輩にとけ込むことができるのです。その意味では、私はマニュアル賛成派です。

ただ、本書でお伝えしているのは、そのような大手ファストフードチェーンでの接客指導法だけではなく、1店舗でも数百店舗でも、飲食店の円滑な人間関係を構築するための基本的なアクションです。そのひとつが分離礼なのです。

私は、同じ飲食店でも、中小企業はそれぞれの個性を活かした店づくりが大事で、分離礼の指導は大手ファストフードチェーンの体質とは違うと考えています。ですから、分離礼でどんな言葉かけをするかまで統一しようとは思っていません。

分離礼が正しくできていれば、言葉そのものはおのずと、それにふさわしい表現になってきます。それが、スタッフだけでなく、お客様からも「いい雰囲気」だと感じてもらえる店づくりにもつながるのです。

8 ベテランスタッフに動いてもらう

ベテランスタッフに協力してもらうアプローチ

スタッフは若手だけ、アルバイトだけとは限りません。10年、20年勤め続けているパートのいる店もあります。老舗の飲食チェーンに多いのですが、店長より年輩・ベテランのパートがいる店もたくさんあります。

私はそういう店の店長に対して、

「人として尊重することは大切ですが、『昔からこうしているから』という理由や、『長く勤めているから』という一方的な意見には、すぐに改善を求めなくてもいいよ」

とアドバイスすることがあります。

ベテランスタッフは10年、20年前に、それが正しいと指導を受け、そのやり方で店を運営し続けてきました。そのやり方に強く異を唱えようとする人は、結局そのベテランスタッフのターゲットになってしまいます。ベテランスタッフも、長年やってきたという自負と自分なりの正義感もあるので、結局は口論になることもあるのです。

店では日々、売上をあげるために、「こうしたらもっとよくなる」「他店ではこうやっていた」といった話し合いを行なっていると思いますが、どんなにいい意見でも、ベテランスタッフにとって自分の考えを認めない人は「悪」という扱いをしがちです。

それが若いスタッフであればいっぺんに孤立してしまいますし、最悪はターゲットになってつぶされるような事態にもなりかねません。このようにベテランが幅をきかせているような雰囲気では、新人スタッフが根づくわけがありません。

このような場合、店長はどういう対応をとればいいのでしょうか?

基本的には、問題意識の高いほう、改善意欲のあるほうを守り立てる気持ちが大切です。ベテランスタッフが「昔からこのようにやっているのだから、変えなくてもいいでしょう」という意見だった場合には、たとえば、

「現在は、まだみなさんの高い経験値を活かして運営できていますが、このご時世、ソー

シャルリスクの発生や少子化で採用難が予測できているときに変化していかないと、リスクが大きすぎます。新しいスタッフには変えてはいけない基本的な考え方は受け継ぎ、さらに新しい方法を取り入れていくアプローチで協力してください」

と、ベテランスタッフにも敬意を示しながら、理解を求めていきます。

いまの年輩・ベテランスタッフは日々、厳しい朝礼やミーティング、反省会を行ない、信賞必罰の厳格さのなかで育ってきたかもしれません。それで店の業績も伸びてきたかもしれません。

ところが、いまの若手スタッフは、とくに顔を合わせる必要のない伝達はＬＩＮＥなどのＳＮＳですませることに慣れています。ＳＮＳによる情報伝達のほうがよいようであれば、今後入ってくる若手スタッフにはその方法もテスト導入していくようにします。

そのような改善活動を行なうと、自分のやってきたことが否定されたり、自分の領分・縄張りが荒らされたように感じるベテランスタッフもいないわけではありません。

しかし、これまでの習慣や価値観を急激に変化させることは不可能なので、お互いが尊重し歩み寄るためのきっかけや、いい雰囲気をつくる取り組みにチャレンジすればよいのです。

少しずつルールを共通認識にしていこう

なお、雰囲気づくりとして大事なこととして、「表情や声で威嚇しない」ということもルール化しておきましょう。怒鳴り声で叱らないのは当然のこと、苦虫を噛みつぶしたような仏頂面で、他のスタッフをにらんだりしないようにしましょう。

とてもささいなことですが、職人気質の人が多い飲食店ではありがちなことなのです。飲食店は、調理場の職人気質と、ホールのウェルカム感のある接客とが共存する場です。大げさに言うと、本来どのような職務態度が望ましいか、共通の理解がまだないのかもしれません。

それが基本ルールとなって浸透すれば、新人も初日から親しみやすい雰囲気かどうかがすぐにわかるようになるはずです。

3章

スタッフのやる気を引き出す！飲食店の「コミュニケーション」

1 コミュニケーションスキルを磨くのは、店長の大事な仕事

「店長に合わせて当然」の時代は終わった

前章では、新人が店になじみ、仕事を続けようと思ってくれる工夫を紹介しましたが、日々のコミュニケーションがうまくとれないと、「いい雰囲気の店」はつくれません。

そして、多くの店長が悩んでいるのが、このコミュニケーションです。

なぜか「他人から嫌がられてしまう人」がいますが、その理由の最たるものが「**コミュニケーションスタイルが合わない**」ということ。「**相手のコミュニケーションスタイルに合わせる**」ことは、他のスタッフに対しても、お客様に対しても必要なスキルです。

たとえば、お客様がお店で「カンパーイ！」と楽しく宴会をスタートしました。そこで

「おかわりください」と呼ばれたときに、笑顔もなく、テンションの低いスタッフが注文を受けに行ったら、雰囲気がいっぺんに壊れてしまいます。

逆に、商談や打ち合わせで静かに大切な話をしているテーブルで、テンション高く「おかわりどうですか⁉」と言う人もいます。お客様は「あとで呼ぶから、ちょっといまは勘弁して」という雰囲気になり、

「おまえ、空気読めよ」

「えっ、今月はドリンク強化月間じゃなかったんですか？　意味わからないっす」

「おまえのやってることのほうが意味わかんないよ。そういうときは、お客様に合わせるんだよ」

きっと、こんな話になってしまうでしょう。

空気を読み間違えたスタッフのお客様への声かけそのものは、間違った行動ではありません。ただ、空気を読み間違えたのです。

この場合、相手の空気に合わせて、ちょっと間を置いて聞きに行くのが「相手のコミュニケーションスタイルに合わせる」ということです。ここは静かなトーンで、「すみませ

ん、よかったらお聞きします」と伝えるだけで十分ですよね。

飲食店では、常に「ライブ感」が求められます。オフィスの奥のほうに陣取って一生懸命に戦略を練るような仕事ではなく、目の前にいるお客様に常に一発勝負で対応しないといけません。

「どうしようかな？」と考えている時間はなく、「これでいこう！」と臨機応変に決めていかないといけない仕事なのです。

どんなときでもスタッフが70点の仕事ができるようにする

コミュニケーションは、対お客様だけではなく、マネジメントにおいても大事なスキルのひとつです。

店長が本部に叱責されて、沈んだ気分やイライラした態度で店に入れば、スタッフはしらけたり、嫌な気持ちになるでしょう。マネジメントする側のコミュニケーションスタイルで大事なことはただひとつ、**自分のワガママでスタッフの気持ちを乱さない**ことです。

店長はつい、「自分が店のトップでシフトも管理しているのだから、店長の俺に合わせるのがあたり前だ」と思いがちです。しかし、そのスタイルでは、スタッフとのコミュニケーションがとれなくなり、店の雰囲気が悪くなるだけです。

コミュニケーションの正解・不正解は、その場面しだいで変わってきます。まずは相手に合わせて、正解を見つけていくしかありません。

だからこそ、**スタッフがどんなコンディションのときでも「70点」のパフォーマンスを維持できるように、店長がマネジメントしていく**必要があります。

いくつか例をあげましょう。

●スタッフと個別に話すとき

若手スタッフにとって、店長やグループリーダーなどの上司は、ものすごいパワーのある存在です。だからこそ、店長側がそれを理解して、気づかうことも必要です。

たとえば、スタッフと個別に話をするとき、自分としてはそのスタッフとより仲よくなりたいと思っていても、相手は緊張しているもの。個室に呼ぼうものなら、「何か注意されるのかな？」なんて不安に思ってしまうのかもしれません。

ちょっとした会話でも、「店長と2人だけで話す」ということもストレスになり、雰囲気を壊すことにつながるものです。そのようなときは、「横並び」で会話をすると、あまり目を合わさなくていいのでおすすめです。

飲食店であれば、テーブル席よりカウンター席。上司と部下、店長とスタッフのちょっとした確認も、重要な話も、カウンター席で行なったほうが雰囲気が和んでよいこともあります。その気がなくてもパワハラ、セクハラなど誤解されないように、社内ルールをつくっておきましょう。

●スタッフに注意をするとき

たとえば、スタッフが気分よく仕事を進めているときに注意をしたい場合、

「あれ、やっといたか?」

「細かいところがまだまだだな」

などと、水をさすようなコミュニケーションスタイルで声をかけると、せっかく乗っていたスタッフのペースが崩れてしまいます。


スタッフのコンディションのいいときは、その状態を維持しながら、凡ミス・ポカをや

らないようにマネジメントしていくことが欠かせません。たとえば、「あなたの接客時のあいさつは抜群だけど、注文を受けたあと、そっけない表情のときがある。ひと言、笑顔で『ありがとうございます』と分離礼をしてテーブルを離れると、お客様もうれしいよ。ここは一緒に改善していこう」

と、できていないところだけを指摘・注意して、いい状態に水をさすのではなく、できているところもあわせて伝えてあげるのです。

「おまえ、何やってんだよ。それくらいわかるだろ！」では、いまのスタッフには伝わりません。あなたも、20代のときにはできなかったことがたくさんあるはずです。できなかったことを指摘されても、若い人はピンとこず、「店長に難クセをつけられた」としか思いません。

さらに5年後、10年後には、もっと年の離れたスタッフと一緒に働くのです。そのことを自覚して、自分のコミュニケーションスキルを磨いていきましょう。

●スタッフの気持ちが沈んでいるとき

スタッフの気持ちが沈んでいるときには、

「元気ないなー、どうした？」

などと声をかけるより、そっとしておいてあげたほうがいいケースもあります（とくに、女性スタッフの場合が多いようです）。

ただし、どのようにコミュニケーションスタイルを変えても、「なぜ、コンディションが悪いのか」は別の話です。彼氏と別れた、家庭内にもめごとがあるなど、立ち入りにくい理由・事情もあるでしょう。

たとえば、「前の日に飲みすぎて二日酔いなんです」と返事をされたら、「なぜか」を問い詰めたりするのではなく、

「まずは自分の健康のためにも、もうちょっと自己管理しようね。コンディションが悪いだけで、本来のいいところが出ないのはもったいないよ。また明日からチームの雰囲気づくりを一緒にがんばろう」

といったアプローチをします。

かつては、態度の悪いスタッフがいたら、ただ怒鳴りつけるだけでした。でも、いま、そのようなことをしたら、すぐに人が辞めてしまうでしょう。

かといって、相手に合わせたふりをして、「まあ、仕方ないな」と無視するのはいけま

せん。まずは「今日は、彼女はそういう状態なんだ」と理解したうえで、「その態度が他のスタッフに迷惑をかけている」ことを伝えるようにしましょう。

「今日、調子がよくないのはわかったけど、あと2時間は切り替えてがんばってみようか」

など、態度の悪さを嫌味のように指摘するのではなく、「いい雰囲気」を壊さないように行動するよう、アドバイスするのです。

2 「どうすればいいと思う?」と質問して教える

丁寧すぎるくらいがちょうどいい

飲食店はプロフェッショナルなスタッフだけではなく、今日からアルバイトを始めるスタッフ、飲食店の経験がまったくないスタッフ、時給のためだけに働きに来ているスタッフなど、さまざまなスタッフで成り立っています。彼らにがんばってもらわないと、店が回っていきません。

よく、店長はスタッフに対して、

「店長やリーダーになったつもりで、がんばってくれ」

と言って、モチベーションを高めようとします。しかし、スタッフはそう言われても、ピンときません。まったく理解するつもりがないからです。

スタッフにやる気を出して動いてもらうためには、店長が「やってあたり前のこと」を、細かくレクチャーしたり、丁寧にケアをして教えていかないといけません。とくに新人に対しては、面倒くさいと思うくらいでちょうどいいと思ってください。

新人スタッフのなかには、何の悪気はなくても、ついテーブルにドン！ と皿を置いてしまう人がいます。お客様にとっては、「新人だから仕方ない」は通用しません。丁寧に皿を置かなければならない理由をしっかり教えなければなりません。

そんなときは、

「今後はどうすればいいと思う？」

「自分がお客様だったらどう思う？」

と相手から答えを引き出すように聞いていきます。一緒に考えて、気づかせることで教えていくのです。

「そこまで丁寧に噛み砕いて説明しないと、いまの新人スタッフはわからないものなのですか？」

と、よく聞かれますが、そのとおりです。わからないのです。

でも、新人の頃、わからなかったのは私たちも同じですよね。ただ、私たちは見よう見まねで、先輩たちに怒鳴られながら覚えてきました。懇切丁寧な教育指導などはないのがあたり前でした。

いまも昔も、**新人がわからないことは同じですが、教え方が変わったのです。**

ゴールは「ちゃんと」の意味を共通認識すること

「テーブルをちゃんと拭いといてね」

と指示しても、**新人は「ちゃんと」というのがどういう状態か、理解できません。**

どんな状態が「ちゃんと」なのか、どうやったら「ちゃんと」になるかを教えてあげないといけません。「ちゃんと」という言葉を使わずに、「テーブルの正しい拭き方」を教えてあげないといけないのです。

具体的には、

「ちゃんと拭くって、どうすればいいと思う?」

と聞きながら、基準となっている拭き方をレクチャーします。

こうして、「ちゃんと」とはどういうことなのか、共通の理解を深めていきます。

飲食店は危険なものに囲まれた職場です。指がスパッと切れてしまうような機器も、扱いを間違えると火事を起こすような機器も、誰もが使えるように置いてあります。

そのような職場で「ちゃんと、きちんと、しっかり」などは通用しません。「そうした言葉を使わなくともすむような基本ルールの徹底」が求められ、だからこそ、こちらがスタッフに「どうすればいいと思う?」と聞いて、スタッフの理解を引き出し、すり合わせていくのです。

大げさに聞こえるかもしれませんが、飲食店のコミュニケーションは「質問できる文化」をつくることに尽きます。それは「わかるように教えてあげる文化」でもあります。

滑りやすいトレーの扱い方も、子どものお客様へのカトラリーの出し方も、生ビールの泡の比率も、意味がわからないまま形だけ真似していては、クレームや事故につながります。

3 注意するときは「お客様」を主語にする

別の目線で注意すれば、厳しいことも言える

質問する文化、わかるように教えてあげる文化といっても、話し合えばいつも理解し合えるというわけではありません。店長もスタッフも、それぞれに感情の起伏があり、食い違いや反発が起こることもあるはずです。

そのようなことを避けるには、**「自分」ではなく、「お客様」や「家族」を主語にして話す**ことをおすすめします。

たとえば、いつも雑然とした店、盛りつけが雑な店、食材の衛生管理が行き届いていない店、手洗いが徹底されていない店など、ちょっとしたことができていない店をよく見か

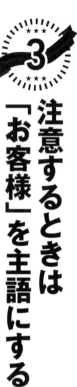

けます。このような店の店長がそれを改善したいと思ったとき、「ちゃんとやっとけ！」ではスタッフに伝わりません。

そこで、

「このままだとお客様、残念に思うんじゃないかな」
「放っておくと、お客様が事故に巻き込まれるよ」
「ご両親を店に連れて来ること、できる？」
「このままだと、自分の親を呼べないよね」

といったように、主語を自分ではなく、お客様やスタッフの家族、知人などに変えてみるのです。

ぞんざいに掃除したり、いい加減に手を洗ったり、ただ皿に載せているだけの盛りつけをしたり……。「何回も言ってるだろ！」と怒りたくなる気持ちはわかりますが、もしかしたら、本人に悪気はなく、本当に気がついていないのかもしれません。悪気がないだけに、すぐに改善されなかったのかもしれません。

このような場合に、主語をお客様や家族にして、自分自身とは別の目線で注意するのです。「1対1」の関係だとぶつかり合いやすいものですが、第三者が介在すれば、指摘されるスタッフの反発する心のエネルギーも分散します。

指摘される側の若手スタッフの感情には、

「よくないことはわかったけど、おまえに言われたくないよ」

という気持ちもあるはずです。その気持ちが、お客様や家族を主語にすることで低下します。すると、相対的に「よくないことはわかった」という理解が強くなります。そのため、スタッフの納得度が高まるのです。

店舗の運営では、厳しく叱責すべきときもあります。そのとき、「まだわからないのか!」などと怒鳴りつけるだけでは、店長とスタッフの関係は悪くなるだけです。「人を育てることができない店長」という烙印をスタッフに押されてしまいかねません。

たしかに、スタッフにとって悪気がなくやっている場合もあるとはいえ、ちょっと考えれば「よくないこと」とわかるようなことばかりで、怒りを通り越して、あきれることもあるでしょう。

でも、それをいちいち教えてあげてください。たとえば、店の床に小さなゴミが落ちているなど、そのつど指摘するのが面倒で、店長が自分でやってしまっていることもあると思いますが、そこは「忍耐」してください。

ただ主語を変えてみるだけで、改善されることはたくさんあります。ちょっとしたコミュニケーションで、結果が大きく変わります。店長がコミュニケーションの力をもっと理解すれば、繁盛店の好循環を生み出しやすくなるはずです。

ちなみに、これは褒めるときも同じです。店長がスタッフを褒めたとき、

「いつも怒鳴ってばかりのくせして、自分の都合のいいときだけ褒めるんだな」

と思われてしまうことがあります。ところが、主語をお客様に変えて、

「さっきのお客様が、あなたのあいさつを褒めてたよ」

「お客様があなたのことを、笑顔がステキないい子だって言ってたよ」

と伝えれば、店長が褒めるよりもうれしくなるものです。

褒めるときも、第三者目線で！　ぜひ、実践してみてください。

4 会話のルールを設ける

聞くときは「なるほど＋うなずき」で意見を受け止める

若手スタッフが「本当はこういうふうにやったらいいと思います」と意見をしたとき、「それ、おかしいよ」「ちょっと違うな」と、すぐ否定する店長も少なくありません。せっかくよかれと思って伝えたのに、即否定されると、若手スタッフは「言わなきゃよかった」と、次から言うのをやめてしまいます。

店長は、スタッフの意見や要望を「聞く」スキルが必須です。私は、**「聞く」のは「伝える」よりもむずかしい技術**だと思っています。

「いい聞き方」とは、言い換えると**「あなたの意見を心から聞いていますよ」「あなたの**

発言に関心をもっていますよ」ということが相手に伝わるように示すこと。そのひとつの方法として、**「なるほど＋うなずき」**があります。

具体的には、「なるほどね」と言ってうなずき、ワンクッション置きます。分離礼のように丁寧に対応するのがポイントです。

その後、どう反応するかは意見の内容によりますが、「なるほど＋うなずく」ことで、聞いているということは相手に伝わるはずです。

「聞いていますよ！」ということを示すことで、店長とスタッフの間で**質問する文化**や**話し合う習慣**を育てていくことができます。

先の意見も、「なるほどね」と言って、「今度の全体ミーティングに議題としてあげよう」と言えば、スタッフとしては「伝えたかいがあった」と思うはず。こうして「話し合う習慣」が根づいていくのです。

ときには、「集客するのに、店の隣の土地、駐車場として買ったらどうですか？」など、現実的に無理な提案をするスタッフもいます。それでも、「そんなの無理に決まってるだろ」と否定するのではなく、「なるほど」です。これが研修などでよく言われる「傾聴が大切」という意図です。

いったんは聞いてみる習慣がつくと、スタッフから自分では考えつかないような〝フラッシュ・アイデア〟が出てくることもあります。こうしたコミュニケーションを繁盛のタネとしていけるかどうかは、店長しだいなのです。

「質問」の仕方をルール化しよう

さらにいいアイデアを出しやすくするためには、店長の聞き方だけではなく、スタッフの質問の仕方にもルールを設定するとよいでしょう。

それは、**「なぜ」「どうして」ではなくて、「どうすれば」**で質問すること。本章2項の「新人へのコミュニケーションのとり方」と同様に、話し合いではつい、「なぜ、できないのですか?」「どうして、ウチの店はいつもこうなってしまうのでしょうか」など、原因を探してしまいがちです。

しかし、それでは解決思考とはいえません。

これが、「どうすれば」のルールがあったら、どうでしょうか。たとえば、

「店長！　なぜ、お客様にスムーズに商品が出ないのでしょう？」

と聞くと、店長は理由探しを始めます。誰が悪いのかと犯人探しを始めてしまうかもしれません。しかし、

「店長！　どうすればお客様にスムーズに商品が出せると思いますか？」

と聞けば、

「それっていい意見だから、どうすれば改善できるかをみんなで話し合おう！」

と、アクションにつなげやすいのです。


一方、気をつけたいのが、**「……て、どう思います？」**という言い回しです。

「店長、今度新しく入ったあの人、どう思います？」

……こんな感じです。明らかにその人を否定したい、排除したい、その否定や排除に同意してもらいたいという気持ちが透けて見えます。

実際、話にのぼっている新人の働きがよくなかったとしても、ここは話に乗ってはいけません。

「え、そうなの？」

などと答えでもしたら、

「だって、まずあいさつが全然できてないし、わからないことを聞きもしないし……」

と、スタッフの会話のペースに店長は飲み込まれてしまうでしょう。

このときも、質問のルールができていれば、次のような会話になるでしょう。

「店長はどうすれば、新人とコミュニケーションがとれて、打ちとけられると思いますか?」

すると、店長は、

「そうだな。今度3人で場所を変えてお茶でもしながら話してみようか」

と、そのスタッフを巻き込んで、解決にもっていくことができるかもしれません。

あるいは、

「君はどうすればよいコミュニケーションがとれると思う?」

と逆に質問することで、そのスタッフの意見を引き出していくこともできるでしょう。

「どうすれば解決すると思う?」というやりとりを繰り返していけば、そのなかから「これをやっていこう」という答えが生まれます。こうして、より具体的なアクションにつなげていくのです。

5 報連相はオンラインを活用しよう

SNSのグループで何でも報告し合える環境をつくる

私は、スタッフとの伝達手段は、主にＺｏｏｍとＦａｃｅｂｏｏｋで行なっています。そこでまず、そのアカウントでスタッフのグループをつくり、参加してもらいます。あとは、グループ上で情報をやりとりし、共有するのです。

ここではＬＩＮＥを事例にあげますが、現在はさまざまなメッセージ共有アプリがあります。そこで、各社各店の文化にあったツールを選択してください。

採用面接で雇うことが決まったら、まずＬＩＮＥアカウントを教えてもらいます。いまの若者はＳＮＳに慣れ親しんでいるので、とくに抵抗はないと思いますが、面接時に、ＬＩＮＥでの情報共有に関する事前の了承を得るようにしてください。

「お店のグループに招待するので、メンバーとのコミュニケーションをぜひ深めてください」「仕事の情報共有ツールとして活用してください」「仕事のことなら何でも書き込んでいいですよ」などと、ひと言声をかけましょう。

ＬＩＮＥは、「入店した〇〇です」といった自己紹介に活用したり、業務変更や予約の確認、代行の依頼と確認、お客様からの声など、いわゆる定時の報告を各スタッフが載せるようにします。それが日頃の報連相へとつながっていきますし、その場に店長がいなくても安心できるようになります。

私が経営する飲食店では、アルバイト専用のＬＩＮＥグループがあります。アルバイト全員と店長と私がメンバーで、

「店長、来月のシフト、承知しました。よろしくお願いします！」

とシフト表の画像をそえた確認のメッセージがきたり、

「すみません、今日体調がよくないので休ませてください」

「俺、時間あるんで出勤します」

といった急なシフトチェンジのやりとりがあったりします。

また、アルバイトが全員そろうことは少ないので、ミーティングの議事録を載せて、

「ＬＩＮＥのノートに議事録を載せていますので、確認したら『いいね』お願いします！

わからないことがあったら、社員の○○さんに聞いてね」

といったメッセージや、

「お疲れさまです。みなさんに承諾してもらったあとで申し訳ないのですが、ゴールデンウィークのシフトがかなり薄いので、出勤できる人よろしく」

とゴールデンウィークのシフト表をＬＩＮＥのノートに載せたりしています。

こうしたアルバイトのグループ内での活発なチャットのなかから、

「２日間で１００万円めざそうプロジェクト、始めよう！」

といったユニークな販促企画が生まれることもあります。

新人の教育には動画教育が効果的

また、アルバイトの初出勤前の教育に使うのもおすすめです。たとえば、

「うちの店のあいさつはこうやっているから、練習しといてね」

と、先輩アルバイトのあいさつや接客の基本動作の動画をグループに投稿し、新人に覚えてもらうのです。

動画に映る先輩アルバイトが、「では、〇〇さん、待ってま〜す！」などと語りかけていれば、親近感も倍増するでしょう。

動画は長くても30秒以内におさめるとよいでしょう。短ければ短いほど、手軽であれば手軽なほど、新人がマニュアルとして見たり、スタッフが接客の基本を確認するなど、みんなが活用しやすくなります。

新人に「マニュアルを読んでおいてね」と言っても、なかなか読んでくる人はいません。でも、スマホで動画をチェックするのはハードルが低く、初出勤前には少なくとも1回は見てくれます。これは、予習というよりも、自分の不安を取り除く目的で見る人が多いのだと思います。あいさつや接客の仕方は、店それぞれ。新人にとっては、それがストレスになっている場合もあります。「いらっしゃいませ」なのか「こんばんは！」なのか、「ありがとうございました」なのか、「またお願いします！」なのか。それが事前にわかっているだけでも、初日に出勤する不安が大幅に減るのです。

図5｜接客の基本動作は動画で教育

最近は、アルバイトを採用しても、何の連絡もなく初日に来てくれない、あるいは1日で来なくなってしまう……という悩みもよく聞きます。そうした問題を、動画で店の雰囲気や、そのほかのスタッフの顔、接客方法などを知ることで解消できるというわけです。

また、動画を活用しマネジメントする習慣がつくことで、指導者の負担も減らすことができます。自分自身が得意で実行できていることであれば、自信をもってアプローチできます。

ところが、自信のない分野はできません。その場合は伝えたい動画をセレクトし、一緒に見ながら「なるほど、店長の私もこの部分は課題として取り組んでいくことだと思うので、「一緒に頑張ろう」と、自分ができていない点や自信がないことを共通の課題として掲げることで、負担なくアプローチしマネジメントすることができます。そのため、指導者のストレスも軽減することができるのです。

これマネシリーズの書籍やオンライン教育プログラム「これマネ教育DX」などのコンテンツもインプットして終わりではなく、メンバーを育成していくマネジメントプログラムとして活用してみてください。

たとえば、メンバーに伝えたいことや気づいてほしい動画をLINEグループに送り、「3行感想をくださいね」と伝えてください。長文の報告は負担になり継続できませんが、3行の感想であれば負担がありません。負担なくチームの習慣化とする技術こそが、これからのマネジメントにおいて一番重要なのです。

社内メッセージアプリを活用していると、誰が閲覧しているかがわかります。「きちんと閲覧している人ほど、店で働くことを前向きに考えている」という傾向があるため、社員化を打診するバロメーターとしても活用できます。アルバイトの閲覧履歴の多い人は事前準備を行なう習慣があり、仕事に関心をもってくれている場合が多いのです。

前向きに書き込んでもらうためのルールを設定しよう

LNIEをマネジメントに活用するにあたり、注意しておきたいのは、あらかじめルールをつくっておくこと。せっかく活用するのであれば、コメントする側・される側、双方が前向きな気持ちで仕事ができるようなルールを設定しましょう。

LINEの利用上のルールとしては、

● 絶対、誹謗中傷しない
● ネガティブな表現を使わない
● 長文はやめる
● コメントは「お疲れさまです!」で入り、「引き続きがんばりましょう!」で締める
● 深夜○時以降は投稿しない

などです。

SNSは便利ですが、情報漏えいや炎上など、大きな問題も起こしやすい、ということは常に意識しておきましょう。

なお、「同じ店のバイト仲間と休みの日に遊びに行く予定を相談したりしないか」などと気にする人もいますが、そんなことはありません。ＯＦＦの話は、みんなグループ外でやっています。

むしろ、ＬＩＮＥを使い慣れていない店長が、お酒に酔った勢いでグループ内に空気の読めない写真やコメントを載せて、スタッフに「残念な店長」と思われないように気をつけましょう。

6 プロジェクト管理はオンラインをフル活用

イベントの成功は進行管理がカギ

飲食店では、お客様を巻き込んだキャンペーン、イベント、コンテストなどの催しをよくやっています。

- 店の名刺配布数コンテスト
- お客様への接客アタックキャンペーン
- ドリンクおかわり注文獲得数コンテスト
- 秋の味覚鍋、注文獲得数コンテスト
- 忘年会シーズンの会社訪問数コンテスト

店内での活動だけでなく、スタッフが時間帯を見計らって、お客様のオフィスにあいさつに行くこともあるでしょう。さらに、お客様の会社の規模が大きい場合は、その会社専用のサービスチケットをつくって配布している店もあります。

ただ店を構えてお客様の来店を待っているだけでは、すたれるしかない。そういう危機感を、店長もオーナーも強く感じ、スタッフがワクワクしながらイベントに取り組める工夫を模索しているところは多いと思います。

スタッフが前向きにプロジェクトやイベントに取り組めるようになる工夫のひとつに、**LINEでの進行管理**があります。

私もLINE上で常時、数十のプロジェクトを回しています。実質的に指導・先導している案件、部下に任せて定期的な進行チェックをすればいい案件、スタッフが困ったときに相談を受けてアドバイスする案件など、関わり方はさまざまです。

プロジェクトごと、店のチームごと、案件ごとに「グループ」をつくる

私のLINEのグループを紹介すると、参加者が数十人になる大規模なものよりも、む

しろ3～4人のグループで情報共有しているケースがほとんどです。

たとえば、5章でお伝えする「バディマネジメント」のバディとして情報共有しているグループでは、2人の情報のやりとりの結果を、店長が数十人のスタッフにミーティングの場で報告するというしくみになっています。

このようなやり方をする場合、

①そのシステムの脆弱性に危惧はないか

②個人のスマホやアカウントの業務利用に問題はないか

③グループでのプロジェクトの進行管理など外部に漏えいすることはないか

など、たくさんの懸念はあるでしょう。しかし、危惧しているだけでは何も進みません。私は、これらの危惧については次のように考えて取り組んでいます。

①については、全世界で億人単位の人が利用するシステムと、年商数千万円レベルの店の経営のどちらに脆弱性を感じるか、と問われれば明らかに後者です。

②は該当するスタッフの承諾は前提ですが、深夜寝ているスタッフを叩き起こすような使い方、仕事のグループのなかに個人的な話を持ち込むことなどは「マナー違反だからや

めよう」とルール化すればよいのです。もちろん法人版を用意しているSNSもありますし、国や自治体などのIT助成金の利用を検討できるケースもあります。

③の漏えい性については、システムの脆弱性と同様です。この点で唯一、気になっているのは、退職したスタッフがもとのグループの情報を見ることも可能であること。ただ、この点はきちんとグループを退会してもらったり、除名したりすることで、ほぼ問題は起きません。

ひと言で言うと、「あれこれと危惧・懸念していても仕方がないので、便利なものはどんどん使いましょう！」ということです。実際、ルールを決めてスタートすることでトラブルになったことは一度もありません。

オンラインで打ち合わせも格段にスピードアップ！

一方、ＬＩＮＥやＺｏｏｍを使うメリットは次のようにたくさんあります。

①「聞いてない」がなくなる

現場のスタッフのやりとりでは、

「それ、聞いてません」

「俺、ちゃんと言ったよね。何回、同じことを言わせるの？」

といった伝達の不備が起こりがちで、それがもとでトラブルになることもあります。しかし、SNSでのグループでプロジェクトの進行管理などを行なえば、そうした伝達の不備はまず起こりません。

「知っていたけど、忙しくて対応できなかった」「確認したけど忘れてしまっていた」ということについては、オンラインを離れ、リアルでの対処を考えなければいけません。

②短い文でチャット（おしゃべり）のように対応できる

LINEでの情報のやりとりは原則、短い文章です。このことをSNSでの情報共有の制約のように思う人もいますが、むしろそうしたチャットの特性をメリットとして活かすのです。

チャットとは、「コンピュータネットワーク上で、リアルタイムに複数の人が文字を入力して会話を交わすこと」を意味しています。いわば、ネット上のおしゃべり、雑談、井戸端会議と言い換えることができるでしょう。

プロジェクトの進行管理では、従来は定例の会議で打ち合わせ、スケジュールや分担を組んで、責任者の決裁のもと、それぞれの担当者が粛々と進行させていく……、そんなイメージですよね。

しかし、ここで述べている飲食店のプロジェクトでは、そんな仰々しいことを考えず、次々と即断即決でものごとを進行していきます。確認の必要なこと、困っていることなどを短い文面で入れ、回答するようにします。それで、そのチャットには参加していなかったグループのメンバーも、進捗状況を知ることができます。

また、ＬＩＮＥでは動画配信もできるので、伝えたいコンテンツをセレクトし、送信することがおすすめです。動画の利点は、後述する〝人の口〟を使うほうが実は素直に理解してくれることが多いということです。

なお、「ＬＩＮＥ通話」ではグループ通話やテレビ通話もできますので、グループに参加するスタッフが同時に情報共有できます。活用できることでプロジェクト進行だけではなく、スピーディなオンライン面談やチームの育成の手法など新たな文化が構築されていきます。とても便利で使い勝手のよいものに進化しているのです。

③オンラインがあれば、集まらなくていい

従来、プロジェクトやイベントの進行管理というと、月1回は関係者が集まり、ミーティングで状況を確認したり、次のスケジュールの内容を決めたりしていました。ところが、Ｚｏｏｍオンラインミーティングやグループ通話を利用すると、そうした細かな確認のためにいちいち集まる必要がなくなります。

飲食店は、営業している間はなかなかミーティングの時間がとれないもの。加えて、パートやアルバイトも多く、営業時間が長いためシフトを組んでいるので、実は「みんながそろうこと」が意外とないビジネスなのです。

そのような状況のなか、ミーティングでみんなを集めるために予定をやりくりしないといけないストレスから、店長もスタッフも解放されます。

少し大きめの店では、本社から本部長がたびたび店舗に出張してきて、ミーティングを開くことも頻繁に行なわれています。そんなストレスからも解放され、出張費の削減にもなります。

情報共有を習慣化する

情報の共有というと、ひと昔前まではメールのCC機能を使ったり、Facebookグループに情報を載せて共有するといったことが盛んに行なわれてきました。いまはFacebookがLINEに置き換わったりチャットワークや自社のメッセージアプリを活用したりと、SNSのツールは変容していますが、「情報を共有することが大事」という基本は変わりません。

より重要になってきたのは、その情報共有を「習慣化」することです。この習慣化のために重要なツールが**オンライン会議（ミーティング）**です。

GoogleやZoomによるミーティングなど手法はさまざまですが、私はZoomによるショートミーティングを多用しています。どのチームとも週に1回10〜30分程度で、売上・客数、単価、月間累計の報告をするとともに、困っていること、よかったことなどを手短に伝え合っていくのです。

従来のメッセージを送信するタイプだと、どうしても共有しているという意識になりにくく、習慣となっているかどうかがわかりにくい面もありますが、「ミーティングに参加する」という行為があれば習慣化につながります。スタッフの様子もよくわかり、遠隔地のチームでも対応できるので、共有化・習慣化に〝おいてけぼり〟になる心配もありません。

従来は月に1度の店長会議などをやっていたのですが、それに比べると、はるかにスピーディにかつ臨場感をもって伝わり、チーム内のコンセンサスもとりやすくなっています。オフラインのミーティングは月1回など定期的に行ない、オンラインミーティングを頻繁に行なうなどハイブリッドに対応していくといいでしょう。

ちなみに、週に1回10~30分程度のミーティングも年間スケジュールのなかに組み込むようにしています。きちんとスケジュールに組み込むことが習慣化されることにつながるのです。

10分程度だと、他愛もない報告や連絡、相談に終わるケースがないわけではありません。それでも、画面上で顔を合わせ、お互いの様子を確かめ合うことができ、モチベーションの維持につながります。

7 アナログな連絡手段も効果的

工夫をすればみんなが書きたくなるノートができる

規模や業態によっては、特定の情報をＬＩＮＥやＺｏｏｍではやりとりしない取り決めになっているところもあります。そうした場合は、アナログな手法ですが、「紙のノート」による情報伝達や意見のやりとりが有効です。

ＬＩＮＥを活用しているお店でも、ノートを並行して利用するのがおすすめです。なぜかと言うと、とくに飲食店の場合は、外国から働きに来る人も多く、いわゆるＩＴリテラシーが一様ではないケースもあるからです。ノートに記せば、スタッフ同士が言葉を学び合うときにも有効でしょう。

私のクライアントに喜多方ラーメン坂内をチェーン展開する麺食という企業があります。店舗では外国人の方々もたくさん働いていて、文化の違いや言葉の問題など、コミュニケーションがどうしても円滑にいかないケースがありました。

以前からノートを店内に置いていたのですが、設置場所が決まっていなかったり連絡事項のみが記載され、コミュニケーションツールとしてはフル活用できていませんでした。

そこで、社長の中原誠さんは、新しいノートにすべて替えて、スタッフみんなでノートの名称を考え、表紙をデコって（デコレーションして）もらうところからスタートしたところ、大きな変化がありました。スタッフみんなが目を通すようになり、ノートを大事に扱うようになったのです。

自分の写真を貼ったり、自己紹介したり、シフトの都合で顔を合わせることのない外国人スタッフ同士が連絡をとり合ったり、外国人スタッフのために母国語に翻訳したメッセージでコメントしてあげたり、訳せる人が訳してあげたり……。いろいろな使われ方をするようになりました。

業務連絡だけしか書かれていない素っ気ない内容のノートだったら、こうはいかなかったでしょう。ノートに名前をつけたり、表紙をデコったりしただけで、そのノートが異文化コミュニケーションの場になったのです。

これは一例ですが、ちょっとした工夫で劇的に変わることがあるのです。

「お土産買ってきたから食べてね」

「母国のやり方でお礼をしたら、お客様に喜ばれた」

どんどん情報を載せていけば、新人の外国人スタッフもすぐにとけ込めるはずです。


こういったノートに対しては、「書きたがる人」と「書きたがらない人」のタイプがはっきり分かれます。書きたがらない人を無理に巻き込もうとしても、進展しません。そこで、書きたがらない人には、「見た」というサインだけはもらうようにします。

ふだんは書きたがらない人も、その気になったときには自然に参加できる環境づくりが大切です。

固定電話の対応に慣れていないスタッフへのマネジメント

従来の情報伝達方法に関連して、「電話」について触れておきましょう。飲食店に限っていうと、最近はウェブ予約を含めさまざまな予約動線が増えています。しかし、まだまだ電話で予約を入れる習慣もあるので、電話での受け答えはスタッフに徹底しておきたいものです。

スタッフが数人いる店では、**電話に出る人を決める**という考え方もあります。電話に不慣れな人をトレーニングするより、たとえば店長・副店長、応対の上手な社員スタッフなど担当者を決め、受けた電話はその人に回すというルールにするのです。

電話受付の時間を制限したり、特定のスマホでしか予約を受けられないようにする方法もあります。不慣れなスタッフは、そのやりとりを見ながら電話での受け応えを学んでいきます。

電話のマナー、たとえば「電話を切るときは5数えて遅れて切ると、お客様や目上の人に失礼にならない」といったことは年配の人なら染みついているでしょう。しかし、若手にはそういった習慣はなく、固定電話の使い方がわからないという人もいるくらいです。そういう若手に電話のマナーを教える場合は、使い方を一つひとつ教えていかないといけません。

店長のスケジュールをスタッフに共有するメリット

店長のスケジュールをスタッフに共有してもらうことも、大事なコミュニケーションのひとつです。一般に店の運営では、店長もスタッフも営業時間中はずっと店内で働いているものと思われがちです。しかし、そうとも言えません。店長は本部に出向く仕事などがあります。スタッフも、正社員だと店舗間を行き来することがあります。

とくに数店舗を展開している店や、それ以上に店舗数があるチェーン企業なら、なおさらです。統括店長、スーパーバイザーといった立場になると、自分が運営管理している店が3店舗あれば、その間を行ったり来たりしています。正社員スタッフはもちろん、アルバイトスタッフも系列店の事情によって助っ人に行くこともあるのです。

そのような店舗運営では、「誰が、何時から何時まで、どこに行っているか」というスケジュール管理も重要な店長の仕事です。ただ**問題は、そのスケジュールを知っているのは店長だけである店も多い**ことです。その店長が不在のときに限って、クレームなどのトラブルが起こりがち。「責任者を出せ！」と言われても、店長は不在でスタッフはオロオロ……。まさに〝飲食店あるある〟です。

店のスタッフにとって最大のストレスは、言いがかりのようなクレームやＩＴ機器の不具合やレジのトラブルなどです。スタッフはいつもそのストレスと戦っているとさえ言えます。それに対して、店長の居場所がわかっていれば、現場の安心に直結します。

店に不在でも、店長がどこに行って何をしているのかを共有することで、何かあったときにすぐ連絡がとれる安心感は、スタッフからの信頼度アップにもつながっていきます。

店長のスケジュールを伝える方法は、バックヤードのホワイトボードに書き込む方法もあれば、ＬＩＮＥでスケジュールを共有し合う方法もあるでしょう。必ずメモに残しておく習慣がある店もあります。

また、**緊急事態の対応のための連絡網を整備しておく**ことも大切です。店長の休日のスケジュールまで伝えなければならないかは意見の分かれるところですが、少なくとも連絡をとることができ、とれない場合は、たとえば本部や近隣の営業している系列店など、どこに連絡したらよいか、その順番などもはっきりさせておく必要があります。

安心・信頼して働けることが、職場のコミュニケーションの向上につながるのは明らか。ぜひ、店長みずからどんどんスケジュールをオープンにしたいものです。

4章

店の価値観を共有する！飲食店の「ミーティング」

1 スタッフ2人でもミーティングは必要

ミーティングにもやり方がある

ミーティングというと、スタッフが10人以上在籍している店の開店前の朝礼の様子をイメージするかもしれません。しかし私は、人数は関係なく、頻繁にやるべきだと考えています。

ただし、「やらされミーティング」ではなく、みんなが意識して参加するミーティングにするには工夫が必要です。ここでは、その具体的なやり方についてお話しします。

そのとき店にいる全員が集まって、起立して、分離礼を欠かさないようにします。

「では、これから10月度の定例ミーティングを始めます」

などと、必ず分離礼のあいさつから始めます。大声を張り上げて気合いを入れるような必要はありませんが、これからミーティングを始めるというケジメはつけます。分離礼をすることで、お互いに「仕事モード」になったことを確認し合うのです。

ミーティングは雑談ではないので、少しかしこまった表現にするといいでしょう。店長は「俺」という呼称はやめ、「私」に。「私たちの店では……」「私の考えだと……」です。

そして、前述したように「お客様」を主語にして話します。

「いまのメニュー構成だと、お客様の満足を得られないかもしれません。来年に向けて新メニューを開発していく必要があります」

「一部でもスタッフがムスッとしていると、お客様の店全体の印象がよくなりません。今週はもう一度、笑顔での対応に取り組んでみたいと思います」

この「お客様を主語にする言い回し」は店舗ミーティングで一番しっくりきます。なぜなら、店にとってはお客様しか収益を生むものがないからです。

「つまらなそうな表情をしていると、お客様も呆れるよね」

「この衛生状態が続くと、事故が起きたり、お客様に迷惑をかけるよね」

「そういうユニフォームの着方だと、お客様も不快に思うよね」

ミーティング中のすべての言葉を、お客様を主語にしてもいいくらいです。

ミーティングではメモをとる習慣を！

ミーティングではメモをとることがポイントです。

一般の会社でも、ミーティングの際にメモをとらないケースは意外と多いのかもしれませんが、とくに飲食店では、ミーティングでメモをとる習慣はこれまであまり根づいていなかったように思います。

しかし、毎日の朝礼やショートミーティングでも、メモは必ずとるべきです。

たとえば、朝礼では、

「本日の予約は、18時から田中様5名、2時間で入っています」

「17時から2名で予約の佐藤様はディナーのコースです」

といった内容が次々に伝達されます。そして、それを他のスタッフが知るのは、そのミーティングのときだけということもあります。

このとき、メモをとらないとどうなるでしょうか。予約のお客様が来て、「聞いてないのですが……ちょっと調べてきます」などと言おうものなら、いっぺんでお客様の心が離れてしまいます。

なお、メモはユニフォームの胸ポケットに入るくらいの小さなもので十分です。一般の企業ではスマホのメモ帳機能を使っているケースも見かけますが、飲食店では仕事中のスマホの携帯を禁じている店もたくさんあるので、紙のメモ帳が一番です。

また、メモをとる習慣が身についていない新人は、いつまでたっても自発的にできることはありません。メモは上司や先輩に教えられてようやく身につく習慣ですから、その習慣がないようであれば、「ミーティングのときはメモをとるものだよ」と、先輩スタッフが教えてあげましょう。

メモをとる習慣が自発的なチームをつくる

ミーティングでメモをとる習慣がつくと、チームで情報共有する習慣ができてきます。

すると、よくある「聞いた、聞いていない」のトラブルがなくなり、チームコミュニケーションが円滑になるというメリットが生まれます。

また、必要事項をスケジュール帳に転記するなどして、自分でスケジュール管理ができるようになったスタッフは、次はプロモーション戦略やイベント計画、場合によってはシフト計画、人事スタッフ計画を行なうことができるようになります。

メモをとる習慣がない限り、こうした大きな計画は立てられません。逆に言うと、メモをとる習慣があれば、想像以上の副産物的な効果を得ることができるのです。

2 Textbook of Management

ミーティングでの圧倒的にいい雰囲気のつくり方

仕事の雰囲気は意識してつくるもの

スタッフは雰囲気づくりにがんばっているのに、店長みずからが雰囲気を壊してしまうような例も見受けられます。1人でふんぞり返って、ぞんざいな口の聞き方や、いい加減な聞き方をしているのです。

ミーティングの途中で入ってきて、

「あ、お疲れ。なんか、その意見、おかしくない？　俺、理解できないわ」

などといったことを平気で口にしてしまうタイプ。店長だけでなく、本部長、社長、オーナーにもいるかもしれません。

このような雰囲気を壊す人がいる場合は、**「ミーティングの雰囲気を壊す人は参加させ**

図6

相手の意見を前向きに聞き、圧倒的にいい雰囲気をつくる

ない」というルールをつくるといいでしょう。

「参加させない」という表現が本部長や社長、オーナーに対して使いにくいなら、**「ミーティングは圧倒的にいい雰囲気で参加する」**というルールにするとよいと思います。

雰囲気を壊しながらのミーティングだと、いわゆる自分が上位であることを主張するような〝ポジショントーク〟が増えます。どれだけいい意見が出ても、「板長が大変な状況なのは、たぶん○○さんのせいじゃない？」などと、自分の都合を優先して、誰かをつぶしにかかるような話し方です。

こういうセリフがひとつ出てきただけで、ミーティングの雰囲気はぶち壊しです。

私は、**店の「雰囲気」とは、スタッフの「取り組む姿勢」**だと考えています。空気のように見えないけれど、店長やスタッフが自発的につくっていくものです。

そう捉えれば、「今日も、いい雰囲気でいきましょう！」と店長が言えば、スタッフは何をしたらよいかを感じてくれるはず。

そうした雰囲気をつくることは、スタッフが多くなればなるほどむずかしくなります。だからこそ「雰囲気を壊さない」といったルールが必要なのです。

ミーティングのルールを掲示しておこう

ミーティングをする場所は店内でもほぼ決まっていますよね。そこに、「ミーティングのルール」を貼っておくのもいいでしょう。

たとえば、次のようなものです。

●足を組まない
●腕を組まない
●座る場合は背もたれにもたれかからない
●発言をするときは必ず「はい」と手をあげる
●他の人の話を聞くとき、自分が話すときは、相手にヘソを向けうなずく
●他の人の意見をアタマから否定しない
●他の人の意見にすぐ自分の意見を被せない
●相手の意見を否定する場合は、「意見ありがとうございます」とひと言伝え、より前向きになれる代替案を出す
●「感想」ではなく、「どうすればいい？」を重視する

こうしたルールは知識・技術の習得を伴うようなことではなく、姿勢に関わることなので、決めたその日から実行できます。全員がフェアな状態で参加でき、毎日できることなので、すぐに習慣化されるはずです。

図7 「ミーティングのルール」を貼って いい雰囲気を習慣化

ミーティングのルール

圧倒的にいい雰囲気で参加しよう!

- 足を組まない
- 腕を組まない
- 座る場合は背もたれにもたれかからない
- 発言をするときは必ず「はい」と手をあげる
- 聞くとき、話すときは相手にヘソを向ける
- 相手の意見にすぐ自分の意見を被せない

3 店長こそ必要なミーティングのルール

ミーティングがうまくいかないのは店長が原因？

ルールについては、40代の年輩者より、20代の若い人のほうが欲しているように思います。若いスタッフの立場から年輩者を見れば、「何を言っても変わらない」と思っています。だからこそ、「いっそルールを決めたほうがいい」と感じているのでしょう。

「ミーティングを開いても、若手は何も発言しない。情報も上げてこない」

そうぼやく年輩の店長はたくさんいますが、その原因のほとんどは店長の雰囲気づくりにあると言っても過言ではありません。店長が1人でずっと発言しているなど、ミーティングで〝圧迫オーラ〟を出しているのです。

ミーティングをした結果、いますぐ取り組まないといけないことは、たいていネガティブ情報に隠れています。「こういう部分で悩んでいる」「この部分を改善したいが、どうしたらできるか意見をほしい」などといったネガティブ情報から、個人攻撃をせずに、「店として取り組むべきこと」を引き出していく力が店長に求められているのです。

すべてのスタッフから信頼される店長はなかなかいません。しかし、誰かから信頼されているから、いま、店長になっているのです。その店長が、ルールを守るべきミーティングで「俺、俺状態」だと、スタッフは結局、「この人に気に入られる発言や、怒られないようなミーティングをしよう」となってしまいます。

ふだん、少しぞんざいな言葉づかいをしている店長は、ミーティングでの言い回しを少し改めるように意識しましょう。そのコツは、**一気に変えない**ことです。

「ミーティングでは分離礼に始まって、礼節のある言葉づかいをする」というルールのもと、「叱ったり、指導・注意したりするときは、常に主語をお客様にする」ことを徹底的に意識します。

ふだんの仕事で、つい怒鳴ってしまう店長は、「俺が指摘する」のではなく、「お客様目線で指摘するに値する」ということをミーティングで示しましょう。

「おまえ、掃除しろって何度言ったらわかるんだ。いい加減にしろ！」と、つい言葉が出てしまう店長は、「おまえ、掃除しないと、お客様が不潔に思うだろ。いい加減にしろ！」と言うことができれば、まずは合格です。

ミーティングでどんなに怒鳴ったとしても、主語をお客様からずらさない。それができるようになれば、スタッフがイヤになって辞めるリスクがずいぶんと減ります。なぜなら、「怒鳴られるような店は辞めたい」と思うスタッフのエネルギーが店長に向かわず、お客様に向くからです。

スタッフもそのことがわかり始めれば、自分にも非があることに気づくでしょう。ミーティングで店長に怒鳴られたから直すというのでは不愉快なままですが、「お客様がそう思っているなら直したほうがいいな」と素直な気持ちになれます。

店長も、「お客様に迷惑がかかると思ったことは遠慮なく言ってね」といった働きかけをすれば、「店長、この対応はお客様のためになっていますか？」といった質問が、ミーティングの場でスタッフから自発的に出てくるようになるでしょう。さらに、このような日常的なチーム文化は、結果的にパワハラなどのリスクも低減することができます。

店の課題は数字で捉えて、みんなで共有する

ミーティングは、店の課題を共有するいい機会でもあります。

そのために店長に必要なのが、「計数感覚」「金銭感覚」をもつことです。ラーメンを何杯提供しないと実現できない課題なのか、生ビールの中ジョッキならどれくらい？　食材の在庫はどれくらい抑えたらいいのかなど、業態によって変わりますが、店長はまず、自分の店なりの尺度で課題の解決に必要なコストを見込み、課題のハードルの高さがどれくらいなのかを想定してみてください。

課題を金額で置き換えることができるようになったら、それをスタッフと共有しましょう。スタッフ全員に、「いま、考えていることを」を伝え、意見や感想をもらうのです。

大事なのは「いま、考えていること」の「重大さ」です。「人が採れない」という課題の場合は、「人が採れない」ことより、「人が採れない」ことの「重大さ」ということです。ただ、悩んでいるだけでなく、それを重大なこと、まず解決したい課題であることを理解してもらってこそ、共有することになるのです。

4 朝礼でスタッフのコンディションを確認する

大事なのは話材ではない

朝礼は開店の前に毎日行なうミーティングです。その際の話材に困っている店長もいるでしょう。でも、大切なのは**話材よりも、ミーティングに集まったスタッフの顔色やコンディション**です。

「彼は、今日コンディション悪そうだな」

「昨日、飲みすぎたのかな」

このようなことが即座にわかれば、配置や分担などの調整もできます。

飲食店は労働集約型の業態です。そのため、スタッフのコンディションの良し悪しは店のサービスに大きく響きます。もちろん、無理をして働かせることは、本人にとっても大きなダメージになります。がんばることはありがたいのですが、無理を押してがんばりすぎると、本人にも店にもいいことはなく、リスクばかりが高まる業態なのです。

大切なのは、今後は自分自身のコンディションを整えて出勤できるように気をつけないといけないな、と本人に気づいてもらい、少しずつでも生活習慣を改めるためのきっかけをつくることです。

コンディションのすぐれないスタッフを見つけたら、まず、

「今日はいつもより顔色よくないけど、がんばれる？」

とひと言だけ声をかけてあげるといいでしょう。

ひと言、声をかけてあげられるかどうかで、スタッフと店長の親密度が変わります。スタッフは、「気にかけてもらっているんだな」と思い、それが安心感、信頼感につながっていきます。そのひと声だけでがんばれるスタッフもたくさんいます。

返事によっては、営業後に今後のコンディション管理についてのアドバイスも必要ですが、決して、営業中に叱りつけないようにしてください。コンディション不良のときは、前向きな思考でアドバイスを受け止めてもらえることはないと理解しておきましょう。

女性スタッフに遠慮しなくて大丈夫

男性店長が女性スタッフにひと声かける場面もあるでしょう。そんなとき、店長としては、気後れするかもしれません。でも、心配は無用です。遠慮なく「体調大丈夫?」とひと声かけてあげましょう。

元気そうな女性スタッフのほうを向きながら、

「体調悪かったら教えてね。では、今日もいい雰囲気でお客様をお迎えしましょう!」

とだけ言えば、体調のすぐれない女性スタッフも、自分で気づいてくれるケースもあります。気づいてくれれば、

「気分を少し切り替えて、もうちょっと声を出してあいさつしよう」

など、かけられる言葉もいくつかあるでしょう。

店長もこうした対応ができるようになれば、「体調がすぐれないときの異性のスタッフとの接し方」というスキルを身につけることができます（3章1項も参考にしてください）。

5

ミーティングでやっておきたい2つのワーク

「価値観」のあぶり出しワーク

ミーティングは、朝礼だけでなく、毎月少し長めの時間を割いて行なうケースもあります。そのときは、簡単なワークを取り入れることをおすすめします。

ここでは2つのワークを紹介しましょう。

まずは、**スタッフの「価値観」をあぶり出すワーク**です。

店長とスタッフが集まり、いま失いたくないものを3つずつ発表して、それについて話し合います。これにより、スタッフ同士も「価値観の違う人間が一緒に働いていること」と「ルールづくりの重要性」を再確認できます。

45歳の家族がいる店長なら、失いたくないものとして「売上、健康、家族」といったものがあがるでしょう。若手スタッフのなかにも「健康」と書く人もいるかもしれませんが、話し合ってみると、20代の「あぶり出しワーク」で出てくる「健康」という言葉とは意味しているところが違うはずです。

話し合うことで、自分が20歳のときとの違いを実感し、さらに、いまどきのスタッフの感覚との違いも感じることができるでしょう。店長という立場だったら、20歳そこそこのスタッフの価値観を理解する必要性も痛感するでしょう。

店長にとって、働いているスタッフの世代は、自分の息子や娘と同じという人も多いはず。その世代の価値観が自分の価値観と違う場合、違うことを前提として対応しなければいけないのは店長のほうです。

「俳優、演劇、バンド、マジック、彼女、恋愛、ペットの猫」など、自分とこれまでの生き方では想像しかねるような価値観のスタッフもいます。店長は、それを理解して尊重をしつつ、マネジメントしていくことが欠かせません。

たとえば、バンドマンをしながらアルバイトをしているスタッフには、

「イベントの告知とか、ファンづくりとか、リピーターのつかみ方、本番を万全な状態で

図8 「価値観」のあぶり出しワーク

「いま失いたくないものを
3つあげるとしたら?」

（例）①彼女
②バンド活動
③ペットの猫

**スタッフの価値観と
自分の価値観との違いを知る**

▼

「もし、店に
活かすとしたら?」

（例）「イベントの告知やリピーターのつかみ方など、店での仕事に通じるところもたくさんあるね」
「ペットを連れて飲みに行ける店のメリットとデメリットは何かな?」

**自店で働く意義を
感じるように育てていく**

迎える体調管理やスケジュール管理の仕方とか、お客様の守り立て方とか、○○さんの価値観は店での仕事に通じるところもたくさんあるね」

ペット好きのスタッフには、

「ペットを連れて飲みに行ける店を、一度、本気で考えてみよう。どういうハードルがあるか、一度整理してみて！」

役者をめざしているメンバーには、

「店は舞台と同じ。素の自分だけではなく、演じることも大切なんだ。その切り替えはアルバイトも社員でも、社会人として大切なことなんだよ」

など、価値観を共有できていれば、それぞれのスタッフが、その店で働く意義やメリットをより感じられる伝え方が見つかるはずです。

「いい店の定義」あぶり出しワーク

より形式ばったミーティングの場で行ないたいワークとして、**「いい店の定義」を話し合うワーク**もおすすめです。

「スタッフには時給・月給を支払っているのだから、指示・命令に従って当然」という店側の気持ちをいったん置いて、スタッフと一緒になって考えてみてください。

●また行きたい店って、どんな店？

●感動する店って、どんな店？

●いい店って、どんな店？

これらのことを「1回、話し合おうか？」と店長がもちかけてみます。

「料理がおいしい店」「コストパフォーマンスがよい店」「きれいな店で清潔」「スタッフがハキハキと笑顔の店」「スタッフ同士の連携がとれている店」「おすすめをしてくれる店」「商品の説明をしてくれる店」「お見送りをしてくれる店」「自分の名前を覚えてくれる店」……きっと、さまざまな意見が出てくるでしょう。

それを受けて、店長は、

「なるほど。では、そういう店を100点として、お客様の視点になったとき、私たちの店は現在、何点だと思いますか？」

と聞きます。たまに「100点満点に決まってるじゃん！」というノリのスタッフもいますが、おそらく平均をとると40点くらいでしょう。

スタッフはきっと、「どんな店がいい店で、それに対して自分の店が何点か」ということはだいたいわかっています。そのギャップを改めてはっきりさせ、その一つひとつの解消法を改善事項として明確にしていくのです。

実際に改善するのは、ふだんの仕事のなかでしかできません。逆に、改善事項のピックアップや優先順位の選択、改善プラン・アクションプランの立案などは、ふだんの仕事のなかではできず、ミーティングでしかできないものです。

そのミーティングでは、店長はファシリテーターです。誰かを攻撃することなく、改善目標を定めていく役割です。

最初のうちは、たまたま入った店の「よくないところ」だけを探し、指摘していたスタッフたちが、やがて他店の「よいところ」を見つけ、そこから学ぼうという思考をもち始めるでしょう。そのようなスタッフの変化が大きな成果です。

こうしたミーティングを毎月でも、店の状況に応じてやっていきましょう。その場のショート動画を撮っておいて、ＬＩＮＥのグループで共有すれば、それぞれのスタッフの振り返りにも役立ちます。

｜図9｜「いい店の定義」あぶり出しワーク

また行きたい店って、どんな店?

感動する店って、どんな店?

いい店って、どんな店?

それらの店を100点だとしたら、いまの自分の店は何点?

点

> 改善事項のピックアップや優先順位の選択、改善プラン・アクションプランの立案に活かそう

6 店長とスタッフの個別ミーティングは2対1で

店長がスタッフの思惑に飲み込まれてしまうのを防ぐ

1～2カ月に1回くらいは、店長とスタッフで5～10分の個人面談を行ないましょう。いわゆる「個別ミーティング」ですが、ルーチンワークはもちろん、イベント企画などの進捗状況を確認するためにも有効です。

ただし、1対1ではなく、5章で紹介する「バディマネジメント」のように、**店側2対スタッフ側1**で行ないます。店長＋副店長対スタッフというのが典型的なスタイルです。

なぜ2対1がよいのかというと、1対1だと、店長としてのスキルや経験の浅い人だと、スタッフに丸め込まれたり飲み込まれたりするケースがあるからです。

飲食業界では、20代で入社していきなり店長になる人もたくさんいます。一方、50代でパート歴20年というスタッフもいます。そうなると、店長側としては問題解決の糸口が見いだせない状況になってしまうことがあるのです。たとえば、

「店長、新しいアルバイト入れてくださいよ。これでは現場が回りませんよ。休みもなくてやる気が出ないし、時給も上がらないし……」

とぼやくスタッフに対する解決策は、そのスタッフの時給を上げることでも、やる気を高める研修に通わせることでも、シフトを緩和することでもないケースがほとんどです。

だからといって、

「すみません。私はオーナーじゃないので、私の一存で時給を上げることはできないんですよ」

などと返答しているだけでは、らちがあきません。そのとき副店長が、

「なるほど、伝えてくれてありがとうございます。いつも店長は、○○さんの働きぶりには感謝だね、と私に言っています。店長は採用の必要性に関しても、時給の見直しに関しても、オーナーに一生懸命プレゼンしてくれています。まずは、コストがかからない採用方法も考えましょう。シフトの再調整や計画については、私もみんなに働きかけるので、一緒にクリアしていきましょう。何か、いいアイデアはないですか？」

などと言ってあげれば、スタッフのぼやきも収まり、店長がすべての責任を負うようなこともなくなります。

大切なのは、スタッフが必ず、「やっぱり、もうちょっとがんばってみよう」と思えるような形で個人ミーティングを終えることです。そのためには、

●スタッフが誰かを攻撃した場合、その部分には賛同しない

●すぐに解決できなくても、解決のためのアクションと糸口だけは示す

●解決するにはあなたの協力が必要であることを示す

といったことが大切です。

私が関わっている店では、リーダー間以外は、**原則的に1対1の現場での個別ミーティングはしません**。個別面談にはある一定以上のスキルが必要であり、フリースタイルで行なわれて議事録を確認できない面談は、組織において非常にリスクが高いと考えているからです。

ある飲食チェーンの若手人事部長の教訓

ある会社の話です。約100店舗を展開する会社に新しく入った30代若手のやり手の人事部長が、人事の改革を1人で実行しようとしました。

私はその会社のマネジメント顧問という立場です。

人事の改革案を発表するミーティングでも、その独断専行ぶりに40代の人事部のスタッフが呆れ始めました。加えて、現場の店長も、「あの本部の人、現場もわからないのに、何を言っているの?」という感じで見るようになっていました。

それでも、自分のスタイルを貫くタイプの人事部長は、自分の頭のなかではできると思い、パワーマネジメントで改革案を進めていきました。でも、うまくいかない。

私は、「とにかく、1人でやってはダメだ」と伝えました。それでも理解できないのか、よほど自分に自信があるのか、1人でやろうとしていました。

でも結局、人事部長案は実現できず、人事部の別のメンバーと私が加わって、プロジェクトチームを進めることになったのです。

このケースのように、デキる人1人が一生懸命になっても、「笛吹けど踊らず」……という事例はよくあることです。

この人事部長のような人は、まず自分が「一緒に協力してください」「もっと、ここを教えてください」といったことを言える人材になる必要があると気づき、そうした習慣を身につける練習から始めましょう。組織は、複数の人間が役割を分担しつつ進めないと機能しません。

結局、彼はマネジメント手法をイチから学び直し、自分の意識を変化させることで社内プロジェクトのトップに再抜擢され、自身の経験を活かして活躍しています。

スタッフは、本能的に「この店長の言うことを参考にしたら、店もよくなるし、楽しく働ける」「この本部長の言っていることを実践しても自分は成長しない」といったことを察知しています。

リーダーは、部下を輝かせるのが役割であることを改めて理解し、その心構えのうえにマネジメントでの小さな成功体験を積み重ねていくしかありません。そのためには、自分の考え方に偏ることなく、他人の提案にも耳を傾けたり、他社のマネジメントの成功事例を参考にしたりして、日々トライ&エラーを繰り返すことが大切です。

7

悪いことから逃げずに全員で考える

犯人探しは意味がない

飲食店では、キッチンで髪の毛が入ってしまったり、「あのスタッフの態度が気に入らない」などと、クレームが入ることがあります。最近は飲食店関連のクチコミサイトも充実しているため、ネット上で酷評されることもあります。

でも、そうしたことは飲食店を営むうえで、「あってはならないが、避けて通れない」ことです。大事なのは、クレームが起きたときの対処の仕方です。

ミーティングで、

「誰の髪の毛だよ。キッチンじゃないの？　気をつけろよ」

「このエリアの衛生管理者は誰だよ。おまえか、ちゃんと管理しろよ」

などとスタッフを個人的に攻撃しても、改善にはつながりません。

最悪、スタッフが辞めていくどころか、そのスタッフから「あの店の社員は怖いし、パワハラだ」などと噂され、結局、お客様も逃げていってしまいます。「人が集まってこそ」の飲食店から、人を遠ざけてしまうばかりです。

大事なのは、「これから髪の毛などの異物混入が起こらないようにするには、どうすればよいのか」「誰からも共感してもらえるスタッフになるためには、どのようにしたらいいか」を話し合うことです。教科書的なもの言いに聞こえるかもしれませんが、それが絶対の真理です。

みんなで話し合えば、しくみが生まれる

まずは、個人攻撃に終始しないように、全員で集まって話し合うこと。みんなで「どうすればいいと思う?」と意見を出し合って、議論を深めていきましょう。

「まず、帽子をかぶろうよ」

「テーブルに出す前に、キッチンライトの前に置いて点検するのはどうでしょう?」

「少なくとも、キッチンとホール、二重チェックが必要です」

「やはり、お皿は白っぽいものにする必要がある」

「お客様に提供する前に、異物混入をチェックする機器を導入するのはお金がかかる?」

店の規模や予算などに応じて、いろいろな意見が出てくるはずです。

もちろん、それらをすべて取り入れることはできないでしょう。しかし、「どうすればいい?」と聞いた答えに間髪入れず、「そりゃ無理だ」と言ってしまうと、次の意見は出てこなくなります。

3章4項でお伝えした「なるほど+うなずき」で受け止めて、「この方法を取り入れるなら、どうすればいいと思う?」というように話を展開していかないと、コミュニケーションがとれているチームとは言えません。そして、「どうすればいい?」という議論を積み重ねてこそ、ルール化・しくみ化することができるのです。

全員で考えるのは「しくみ」です。いっときの解決策ではありません。

いろいろなトラブルがあったとき、それを解決するのに全員で話し合ったり考えたりする猶予のないことも多いもの。そんなときでも、ちょっとした時間を設け、**ブレスト(ブレーンストーミング)**を行なうのも効果的です。

例えば、他社の成功例をいくつか共有し、自社に合うパターンをセレクトしながら、「今後、どうすればそうしたトラブルが起こらないようにするか」といった「しくみ」について、全員で考えていきます。

クレームはどこの飲食店でもあることですが、全員でそれを起こさないしくみを考えることは意外と行なわれていません。自分がやり玉に上がっていなければウヤムヤにしてしまうか、特定の人を責めるか、時間が解決してくれるのを待つかです。

責められたスタッフはやがて辞めていくことも多いものです。場合によっては、責めた人もバツが悪くなって辞めていく。そんな状態になる前に、

「クレームの原因はいろいろあるけれど、二度とこんなことがないようにするにはどうすればいいか、みんなで考えよう」

と話し合う習慣をつくっておくことが重要なのです。

ブレストの正しい方法

ブレストには「質より量が大事」「他の意見やアイデアを非難しない」「どんなアイデア

も歓迎する」「出されたアイデアをまとめる」といった原則があります。

集団で発想して意見を集約するのですから、まず何よりたくさんの意見やアイデアが出ることが大事で、その意見やアイデアを否定したり、つぶしにかかったりしてはいけません。論点が外れていると感じても、楽しく自由にアイデアを出し合い、奇抜なアイデアも歓迎します。

そのうえで設定したブレスト時間の終わりに「意見は出尽くしたようですね」とファシリテーター役の人が確認をとり、意見を集約していくのです。

テーマはさまざまですが、まずはお客様が喜ぶ接客や、改善するともっと自店の雰囲気がよくなるポイントなど、健全な意見が出るテーマからスタートするのがおすすめです。メニュー開発や、客単価アップ、事業戦略、プロモーション戦略などの議題については、各セクションで基礎知識があるメンバーを選定して進行するようにしましょう。

また、ブレストはトレンドの雑誌や現在の売れ筋情報や、前述したように他社のうまくいっている事例をもとに進行することがポイントです。大きな意見のズレがなく、チームとしてのアクションプランが具体的にイメージできるようになります。準備なく、フリーで行なうブレストだと収集がつかなくなり、意見を出して終わりになってしまうという結果になります。そうすると、今後のブレストの習慣がつきませんので、注意しましょう。

5章 スタッフに丸投げしない！飲食店の「任せ方」

Textbook of the management

1 店長もスタッフも成長する仕事の「任せ方」

「任せる」の定義を明確にしよう

店長のマネジメントのうち、仕事をスタッフに「任せる」ということに悩んでいる人は多いでしょう。

その原因のひとつに、**「任せる」の定義が人それぞれ**ということがあります。

ある店長は、スタッフに「これ、ちゃんとやっといてね」と言うだけだったり、別の店長はやり方をスタッフに懇切丁寧に教えて、できるようになってから徐々にその仕事を手放すような人もいます。

まずは、「任せる」ということを定義しておきましょう。

本書でいう「任せる」とは、

「自分の作業や業務をしくみ化し、誰でもできるように計画的に指導し、ほかの人にやってもらうこと」

と定義しています。

「私はどんどん部下に任せるようにしていますよ」

と言う店長をよく見かけますが、おそらく、この言葉の先にあるのは「丸投げ」です。

仕事を「任せる」のと「丸投げする」のとは、まったく違います。

飲食店では、すべての仕事は〝リスク回避〟がベースにあります。

包丁の使い方をルール化するのも、熱々のラーメンの運び方を統一するのも、幼児に出すカトラリーを決めておくのも、お客様のお支払いをレジまで来てもらうかテーブルで行なうのかも、すべては、そのことで想定しうるリスクを回避するためです。

もし、「丸投げ」が起きたらどうなるかというと、スタッフそれぞれの感覚のみで動くため、リスクは一様に増加するはずです。

それでは、そのリスクをすべて店長が抱えることになり、現在のスタッフが退職してしまえば、現場の作業をまた自分がやらなくてはいけないという負のループに陥ってしまいます。これでは、仕事を「任せる」ことにはならないのです。

「作業」と「マネジメント」を分けて考える

店長がスタッフに仕事を任せる場合、まず、店長自身が仕事を「作業」と「マネジメント」に分け、作業は順次、任せていくことを基本の考えにするといいでしょう。

なぜなら、作業は「順序立てて伝えると誰でもできるようになる」仕事の最たるものだからです。

では、どういう任せ方をしていけばいいかというと、次項以降で具体的にお話ししていきますが、基本は、**小さな作業に分解していく**という考え方です。

あるおすすめのドリンクを追加注文してもらったときの、提供するまでの流れを例にしてみます。実作業としては、

「お客様に笑顔で近づく↓話しかける↓コミュニケーションをとる↓おすすめのドリンクの解説をする↓追加注文をいただく↓提供をする↓感想を伺う↓名刺を渡す」

と、小さな作業に分けることができます。その一つひとつの作業をトレーニングし、任

せていくのです。

そして、その作業ができるようになったことを評価して、さらにポジションを移したり、仕事の幅を広げていきます。


作業を任せるためには、スタッフが「何をやりたいか、何を任せられるか」などを注意深く観察しないといけません。

「スタッフを注意深く観察する」ことは、マネジメントにおいて最重要スキルです。教える、任せるためには、スタッフを注意深く観察すること。それがすべてと言っても過言ではありません。

スタッフが何に興味をもっているか、何ができそうか、どの分野が伸ばせそうかなどを、あなたは知っているでしょうか？　スタッフはまだ20歳そこそこの人も多く、本人すら気づいていない興味や長所もあるはずです。それを注意深く観察して見極めていくことが、仕事を任せるときの基本なのです。

望まないことを強制的に任せてはいけない

ありがちな間違いは、接客が得意なスタッフに、「1年経ったから、料理を覚えるのも大切なことだぞ。来月からキッチンに入れ」などと、本人の思いより、こちらの意向や店のルール、育成・昇格のしくみを優先してしまうことです。

1年ほど勤めたスタッフが、突然辞めてしまう理由のほとんどが、これです。自分がやりたいと思っていた仕事ができなくなるからです。

もちろん、スタッフ本人の一生を考えたら、何でもできることがいいに決まっています。本人もそのことはわかっているのです。わかったうえで、なぜスタッフはこの店で働いているのか、その事実を理解しないといけません。

スタッフがやりたいと思うなかで、教え、任せるようにしないと、スタッフは長続きしません。

スタッフが仕事に慣れてくると、やりがいを感じることができるタイミングがきます。

そのときに、

「今後、さらに活躍するためには、1人3役くらいこなせることが大事なんだよ」

「自分の店をもつと、どんな経験でも大きな力になるんだよ」

といった指導に入ります。

スタート時はあせらず、忍耐しながら、

「あなたはコミュニケーション能力が高いから、まず、自分の得意なこのポジションで一緒に目標をつくって後輩に憧れてもらえる先輩になろうね」

といった感じで任せていきます。そうしないと、やがて任せるにしても、スタッフにとって自分が働く店にどのようなキャリアと可能性があり、どのようなポジションに空きがあるのかなど、本当のところは見ていてもわからないからです。

任されたくないスタッフも重要な戦力

スタッフのなかには、「仕事を任せられる存在になるつもりはない」という人もいます。

むしろスタッフとしては、こちらが多数派かもしれません。

しかし、そのようなスタッフも、店としては重要な戦力です。彼らの受け持つ作業を決して軽視せず、それぞれの目的や価値観に応じた育て方をしていくことが欠かせません。「3カ月間だけ、この店のキッチンで黙々と皿を洗ってお金を稼ぎたい」という新人スタッフに、「ホールも楽しいよ。やってみる?」と無理に聞く必要はありません。

相手の価値観がつかめないまま、「任せたい」と思っているだけでは、結局、店長とスタッフの間のミゾが深まるばかりです。

スタッフが何に価値を置いて働いているのかを、店長はよく理解しておく必要があります。そのうえで、「店長になりたい」「店をもちたい」「社内独立したい」「社内コンサルタントになりたい」といった思いがある人に対して、店長のリーダーシップを少しずつ担ってもらうようにする。それが「任せる」ということになるのです。

いま現在の価値観ではそうでなくても、店で働くなかで、数年後にリーダーをめざしたいという気持ちになるスタッフが現われるかもしれません。そのときはその価値観を尊重し、育成にあたってください。

2 4つの育成サイクルで回していく

4つのサイクルで仕事の基礎を教える

スタッフを育成していくには、「やりたいこと」と「いますぐできること」は違うと理解してもらう必要があります。

たとえば、少年野球で「ピッチャーをやりたい」という子がいたとします。それが、その子のゴールだとしましょう。

しかし、ピッチャーをやるには、ピッチャーとしての基礎が必要です。ピッチャーにふさわしい下半身の強さ、ケガをしにくい柔軟性、打たれ強い性格といった要素もあるはずです。

この子がそれらを最初から身につけているとは限りません。だからこそ、「この部分はトレーニングが必要だよ」という指導が必要になるのです。

どんなに包丁さばきが上手なスタッフでも、手を洗う習慣が身についていなかったら、包丁さばきより手を洗う習慣がないほうが、リスクが大きいことを理解させないといけません。

人に仕事を教えるノウハウとして、『全員を戦力にする人材育成術』（ダイヤモンド社）の著者、有本均さんが構築した「グローイング・サイクル®」がとても参考になるので、ここでご紹介します。

人に仕事を教えるときは、次のサイクルで進めるとよいでしょう。

①基準を示す

あいさつなら、「この店での正しい『いらっしゃいませ』の表現の仕方」を、具体的に見せます。手洗いなら「この店での正しい手の洗い方」です。

1章でも述べたように、動画で示すのもいいでしょう。そのとき「ちゃんとやっといてね」は絶対にダメです。

※「グローイング・サイクル」は株式会社ホスピタリティ&グローイング・ジャパンの登録商標です。

②教える

教えながらやってもらうことです。ロールプレイングとかOJTなど、ちょっと大げさなアプローチもありますが、そのとき、その場でできたことにはたいした意味はなく、大事なのは「継続してやること」だと明確に示していくことです。

③要求する

一度教えたことが習慣化しているとは限りません。それが習慣化になるまで、「今日はできたのか?」「継続的に実施されているか?」を要求し続けなければなりません。

④評価する（褒める）

教えたことが継続してできたら、継続して評価すべきです。「今日はできていたね」「前よりずいぶんよくなったよ」など言い回しはさまざまですが、常に評価していることを相手に伝えます。

「評価する」というと大げさに考えてしまう人もいるでしょうから、まずは「褒め続ける」ことからスタートして、評価制度の構築に取り組めばよいでしょう。

任せることで得られる〝副産物〟を説明する

たとえば、「皿洗い」を任せるというなら、まず、その〝いきさつ〟をスタッフに示してあげる必要があります。

「将来的には後輩のアルバイトを指導できる人になってほしい。そのためには、ちょっとしんどいけど、どんな食材が残っているかをチェックしながら皿を洗ってね」

といった意味づけが必要です。

飲食店では、「残り物」には意外な価値があります。メーカーでいえば、不良在庫、売れ残り品の処理ですから、それが起こる原因が何かを調べることが、新しい商品開発のヒントにもなるのです。

飲食店での残り物は、メニューや食材が好まれないだけでなく、皿やグラスがふさわしくないこともあります。そのようなチェックが重要で、だからこそ、「やってもらえるだろうか」と聞くのです。

このステップはあたり前といえばあたり前のことですが、どれかが抜けている例をよく見かけます。明確に基準を示していなかったり、教えるだけで要求していなかったり、レクチャーしてできたときに「やれば、できるじゃん」などと褒めて終わってしまっていたりするのです。すると、やがて「私、言われたとおり、ちゃんとやってますけど？」などとコミュニケーションがとりにくい状況に陥ってしまうのです。

基礎や心構え的なことは、やれば誰でもできることだけに、よい習慣として店に根づかせていくことが大切です。

「今日も笑顔、出そうね」

「笑顔の基準はどうだった？」

「声が小さかったね。その笑顔は店のルールとは違うよ」

こういったコミュニケーションを、スタッフとずっととっていかなくてはなりません。

野球の監督やコーチが、選手に「スイングのとき、ちょっとヒジが下がってるよ」「投げたあと、いつもより少し足が開いてない？」といったやりとりをしているのと同じです。

3カ月で任せるステップ

「任せる」とは、習慣にしてもらうこと

スタッフに任せるべきことの一つひとつの基礎は、国家資格の勉強のように数年がかりで行なうようなことではありません。目安として、**「3カ月のうちに基礎ができるようになっている」**ことに目標を置くとよいでしょう。

スタッフに「任せる」ということは、それを「習慣にしてもらう」ことです。言葉上で「任せたよ」「任されました」というような話ではなく、任せた仕事がスタッフの習慣として根づいて初めて、「任せることができた」となるのです。

本項でお伝えする「任せるための基本的な手順」は、「お客様への来店時のあいさつ」

を任せるのも、「衛生管理」「クレーム対応」を任せるのも、「日々・月次の売上・利益管理」を任せるのも同じです。それぞれの仕事を習慣としてできるように基準を示し、レクチャーし、評価することが任せるということなのです。

「教えるのが面倒だから、つい自分でやってしまう」という店長もいます。毎日の評価が結局は小言になってしまう店長もいるでしょう。

でも、そのような状態だとスタッフに習慣として根づかず、任せることにつながりません。店長として「任せる」ことはとても忍耐が必要ですが、任せるマネジメントができることで、店長みずから、次のステップにチャレンジする環境ができていくのです。

「変更していいもの」と「変更してはいけないもの」を見極める

任せるなかで、「変更していいもの」と「変更してはいけないもの」が出てきます。

変更してはいけないものは商品管理、製造工程に関わるもの。飲食店であれば、食材の管理やレシピなど、いわば変更が事故のもとになり、命の危険に関わるものです。

そこで、**「なぜ変えてはならないか」を改めて教える**ことも大切です。

事故リスクはもちろんのこと、商品を提供するときの温度が少し変わるだけで、お客様が激減するリスクもあるからです。

複数の店舗を営んでいる場合は、ブランドの統一が崩れかねないというリスクもあるでしょう。そうしたリスクに事前に対処することに納得してもらうのも、店のスタッフとしての成長につながるのです。

逆に、**アレンジをきかせて日々進化させていくべきものは、接客トークや笑顔の示し方**などです。店長や他のスタッフに確認しながらですが、お客様など相手に応じて変化させる必要があります。

たとえば、「笑顔の出し方」で、とても好感がもてる新人アルバイトがいるとします。本人はふだんと変わらず普通にやっていることでも、それがよいとなれば、何がよいのかを店長や他のスタッフで確認し合い、「今後はこの笑顔を基準と考えてやっていこう」と変更していくのです。

このような進化によって、1カ月もしない間に、「店全体のウェルカム感が高まった」と、お客様から言われるようになるでしょう。

段階的にできることを増やしていく

店長のなかには、

「3カ月もレクチャーして褒め続けるなんて、やってられません！」

という人もいるはずです。

たとえば、「店長、手洗い・服装・笑顔OKです！」といったアクションであれば、その気になれば1日でできますし、毎日やっていれば習慣になります。そうではなく、喜ばれる接客を実現する、包丁を扱えるようになるなど、1日でできるようになるにはむずかしいアクションもあります。

そこで大事なのは、そもそもの動機です。動機がしっかりとしていて、一緒につくった目標にスタッフも店長もコミットできていれば、その目標が実現される過程で多くの副産物ができるのです。

「42・195㎞を完走できるようにしたい」という動機があれば、少しずつトレーニングをして3㎞、5㎞と走れるようになります。その過程で走る楽しさ、体力がつく喜び、ダイエットの成功などの副産物が手に入るのです。

それによって、「次の目標」も生まれます。たとえば、それは、マラソンの距離を完走できるようなったら、「トライアスロンに出たい！」という目標が湧いて出てくるもの。一度、目標達成をする成功体験をもつと、自分の基礎体力やペース配分をどうすれば段階的に目標達成できるのかという感覚が身につきます。

あとは、「いまは100mしか泳げないけれど、遠泳できるようになるには、どう目標設定すればいい？」と改善すべき具体策を、コーチであるあなたが一緒になって考え、目標達成のスケジュールを考えていくのです。

包丁を扱えるようになれば、食材にも詳しくなり、両親に料理をつくってあげれば何よりも喜ばれ、友だちとのキャンプにも欠かせない存在になります。ホールで、笑顔でのあいさつができるようになれば、ファンも増え、次の展開でのリーダーに抜擢させる可能性も高まります。

定期的なチェックと進化が必要

なお、「任せる」のが習慣として根づくのはとてもよいことですが、時代背景や環境の変化のなかで、定期的なチェックと進化が求められます。

過去に定義したチームの習慣が正しいと思い込みすぎると、数年後には時代にそぐわない悪習慣として定着してしまうこともあります。

たとえば、飲食店には「ラウンド」という店内を回る動作があります。オーダーをとるとき、料理をテーブルにもっていくとき、片づけるとき、店内を見渡すときなど、動線と順番、料理の持ち方と提供の仕方、死角をつくらないようにする方法など、それぞれの店ごとに習慣化されたラウンドのやり方があります。

そうしたラウンドが習慣づいていたとしても、メニューや人員の改善、レジシステムや予約システムの変更など、環境は時代とともに変化していきます。

いつまでも「うちは昔からこうしているから」という思考のままでは、よい習慣を更新していくことはできません。習慣は変えてはいけないものではなく、環境の変化に合わせて進化させていくものだという理解が必要です。

4 スタッフのタイプ別任せ方

まずは店の現状を正しく認識する

スタッフに適した仕事を任せるためには、選択肢を提供する必要があります。そのために店長がすべきことは、自分の店をいま一度、よく観察することです。

観察するとは、

- 自分の店や会社には、現在どういうしくみがあるのか
- 自分の店には、どういう役割と役職があるのか
- それらは機能しているのか、どのような手続きや評価で達成できるのか

といったことです。わかりきったことと思うかもしれませんが、実はこれらのことがよく見えていない店長がいるのです。

野球でも、ピッチャーもいれば、キャッチャーやショートもいます。ピッチャーにも先発やリリーフ、ストッパーもいます。それぞれ求められる体型や資質が違うのです。

それを理解せずに采配する少年野球のコーチは、まるで自分の店の本当の仕事のしくみを理解しないまま、スタッフに「何がやりたい？」と聞いている店長と同じです。

では、自分に向いているかどうか、スタッフ本人でもわかっていないようなものを、店長がどうやって引き出していけばよいのでしょうか？

たとえば、日頃のコミュニケーションで価値観を把握していれば、

「ギターやっていたんだ。曲づくりって、料理をつくるのと似ているかもしれないね。いまはまだ食材について何もわからないだろうけど、トライしてみる？　いいシェフになるかもしれない」

など、**その人の長所を少し強調して、興味をもってもらう**アプローチが可能です。

興味をもってもらえたと感じることができれば、そこがスタート。興味をもってもらえなければ、「どういう働き方をしていきたいんだろう」と観察し、少しずつ聞き取り、掘り下げていくことになります。

スタッフをタイプ別に見る

「何が向いているのか」を見分けるポイントは、まずはスタッフを、

●黙々派
●コミュニケーション派

に大きく分けてみることです。

1人で黙々と何かをつくっていくクリエイティブワークが好きなタイプと、人との会話が好きでコミュニケーションスキルが高いタイプです。一見すると見分けにくいこともありますが、大きくはこの2つのグループに分けることができます。

そして、店長、店側の都合を無理に押しつけないことです。すたれていく店の大きな特徴のひとつに、「店の都合を優先しすぎている」ことがあります。「給料を払っているんだから、命令を聞け！」という考えで経営している店です。

いまの時代、それでは無理強いされたスタッフが辞めていき、新人も入ってきません。店都合の人材の採用・育成では〝ダブルパンチ〟を食らうのです。そうではなく、「○○さんのこういうところはみんなも評価しているから、いまとは別のこの仕事も向い

いまはそのポジションもメンバー不足だから、まずこの作業からサポートしてくれる？」
「じゃあ、この3カ月でそれをめざそうよ。
「それ、やってみたいです」
ていそうだね、どう？」

といったアプローチで、任せていきます。

こういったアプローチを、「スタッフを甘やかしている！」と思う人もいるかもしれません。しかし、本当に甘えているのは経営に関わっているリーダー陣なのかもしれません。リーダーたちが、自分は上司で経験があるとか、雇用主で「給料を払っているのだから指示・命令に従って当然だろう」と自分を甘やかせているのです。

結局、スタッフに長く勤めてもらい、クオリティを上げてもらい、任せられる人材になってもらうには、強く命令するのでもなく、甘やかすのでもなく、スタッフとの接点回数をどれだけ多くオンライン・オフラインでもアプローチしていくかどうかです。それがオンラインマネジメントが進んだいま、リーダーも実践しやすくなったのです。

5 スタッフがミスをしたときの対応法

店長は基本、トライ・アンド・エラーの姿勢でアプローチする

仕事を任せていくうえで、ミスはつきもの。ミスをゼロにすることは、絶対にありえません。**もともとトライ・アンド・エラーの姿勢で任せているのですから、ミスをしても大丈夫！　くらいの気持ちで任せていく**ことが大切です。

任せる限りは、AでもBでもどちらでもよいことに関しては、スタッフの判断に任せてやらせてみるという気持ちで対応しましょう。それが「任せる」ということです。

スタッフにホールを任せるとき、当然ながら、おすすめ商品の調理内容、安全な料理の提供方法、異物混入の起こらない身だしなみなどの基礎をベテランメンバーが教え、スタ

ッフが学んでいきます。

そのなかでも、正確な食材情報を伝える義務や、事故が起こるリスクがあるものについては、「AでもBでもどちらでもいい」というものではありません。必ず「AならばA」と決まっています。

しかし、たとえば混雑が偏ってしまったときのラウンドの仕方などについては、臨機応変に対応すべき部分があります。かたくなに「AからBへと回る」というやり方に固執して注意をしたりする必要はありません。効率が悪ければ営業終了後にアドバイスをすればすむ話です。

そこまでする必要のないことにこだわって、雰囲気を壊してしまうことのほうが悪影響を及ぼします。「BからAでもかまわない」とスタッフの判断でやっていかないと、「任せられた対応」とは言えなくなります。自分で判断し、トライし、エラーするから成長するのです。

「任せる限りは、AでもBでもどちらでもよいことに関しては、スタッフの判断にゆだねてやらせてみる」と決めておくと、「AならばA、BならばB」と決まっていることはリスクがあることに限られていることがわかります。と同時に、「AでもBでもどちらでもいい」ことは、たとえミスを起こしたとしても軽微であることもわかります。

そう考えれば、お客様に大きな損害を与えたり、店の売上を大きく落としたりしないようなミスは、「負のノウハウ」であり、**「負のノウハウが蓄積していくことも自分と店の成長につながる」**と感じることができるでしょう。

前述した「変更してはいけないこと」で生じたミスは、理由を再度明確に共有し、店として全力をあげて対処する必要がありますが、そうでもない限り、おおらかな対応をしていかないと任せることはできません。

ミスを言い訳するスタッフには要注意

「任せたうえでのミス」は仕方ないとしても、**「ミスを言い訳する人」については、任せられる資質に欠ける**ことを指摘しましょう。

たとえば、ある若手スタッフに接客を任せてミスしたとします。そのとき、すぐに「すみません」と言えるタイプと、「お客様がいい加減な注文をしてきて……」とか「アルバイトの○○さんがオーダーの打ち間違いがいつも多くて……」などと、ミスを他人のせいにしたり、言い訳したりするタイプのスタッフがいます。

後者の場合は、次のようなひと言で、失敗の矢印を人に向けるのではなく、自分に向ける思考を教育する必要があります。

「ミスしたとき、『すみませんでした。自分のここが悪かったので、次から修正します』と言える人と、部下やお客様のせいにして言い訳する人、どっちがカッコいいと思う？」

カッコいいか悪いかは、若い人にとって重要な尺度です。とくに見た目ではなく、内面や行動、判断についてカッコいいか悪いかには敏感に反応します。ですから、店長にそう言われたスタッフは、お客様やアルバイトのせいにして言い訳していた自分のカッコ悪さにはっと気づくのです。

スタッフが10人いれば、10人全員が本当に任せられる人になるわけではありません。実際には2〜3人くらいでしょう。その2〜3人に対して、「そんなことを言っていたら、カッコ悪いよ」という対応は効きますし、いいチームをつくる人は自己改善の思考をもっているということに早くから気づいてもらえるはずです。

6

店長が店で孤立しない「バディマネジメント」

店長が必ずぶつかる「スタッフの壁」

店長は、必ず「スタッフの壁」にぶちあたる存在です。スタッフやアルバイトは、極端に言えば「イヤなら辞める」と考えています。

辞められて困るのは店長です。店の運営に支障も出ますし、社長やオーナーからは「なんで、こんなに離職率が高いんだ」と叱責されます。「俺も逃げ出したいよ」とぼやきたいときもあるかもしれませんが、責任ある立場では、まわりが言うほど簡単には辞められません。

それだけに、スタッフやアルバイトは、実は立場の強い存在なのです。

1対1のミーティングでも飲み込まれるリスクがあるのに、1対10、1対50となったら、どうなるでしょうか。店長は四六時中、離職リスクにおびえながら働いていると言っても過言ではないでしょう。

では、スタッフの圧倒的なパワーに対抗するためには、どうしたらよいか。その対応策が、本項でお伝えする「**バディマネジメント**」です。

仲間、相棒とタッグを組む

バディとは仲間、相棒のこと。バディマネジメントとは仲間、相棒と一緒にマネジメントすることです。スタッフが10人いれば、1対10ではなく2対10でマネジメントし、スタッフが50人いれば、1対50ではなく2対50でマネジメントしていきます。

また、1対1だった個人ミーティングや面談も、2対1で行なうようにします。

スキューバダイビングを想像してみてください。普通は1人では潜れません。自分の経験が浅ければ、なおさら経験豊富な人をバディとすることで、安全に潜ることができます。そんなイメージで、店のスタッフを2人でマネジメントしていくのです。

とくに、日常業務のなかから派生するイベント企画やキャンペーン、全員でのアクションプランなどのプロジェクト案件については、バディマネジメントがおすすめです。

1人で周囲を振り回し、また周囲に振り回されるのではなく、2人で協力し、スタッフを巻き込んでいくようにすれば、プロジェクトを推進しやすくなります。

誰をバディに選んだらよいか

では、誰をバディに選んだらよいのでしょう。典型的なケースは店長と副店長、もしくは店長とSV（スーパーバイザー）です。

副店長がいなければ、スタッフリーダー、アルバイトリーダーといった、スタッフのリーダー職ということになります。価値観が似ていて、めざす方向性が同じである人を選ぶとよいでしょう。

たとえば、店長1人、スタッフ5人で運営している店を想定してみましょう。副店長を置くような規模でもないため、店長とバディを組む相手は、5人のなかで勤務期間の長いリーダー格の人、たとえば長年働いてくれているパートでもよいでしょう。いずれにせよ、選んだ人と一緒に店をマネジメントできるかどうかを自問自答して決めます。

このとき、自分にとっての「イエスマン」ばかり選んでしまわないように注意が必要です。それを完全に避けることはできないかもしれませんが、それよりも**「スタッフに声が届く人」**を重視します。影響力のある人ということです。

見渡してみても、「この人！　と推せるスタッフはいない」ということもありえます。その場合は、バディとなりうる人を育てないといけません。前述した「ミーティングでの価値観のあぶり出しワーク」などで、価値観の合うスタッフ、方向性の一致するスタッフをバディとして育てていきましょう。

能力は高くても、「方向性の違う人」は選ばない

バディの育成は、大げさに考えなくても大丈夫。３カ月から半年くらいかけて、店長がやっている仕事をブレイクダウンしてやってもらうということでＯＫです。

５人全員に少しずつ自分の仕事を受け持ってもらうようにして、一番飲み込みのよい人をバディに選ぶということでもよいでしょう。

避けたいのは、能力は高くても方向性がまったく逆の人。たとえば、「いい店とはどんな店？」というワークで自分とはまったく違う答えをするようなタイプです。

そういう考え方そのものは否定できませんが、自分の考えを健全とすれば、そのような回答は不健全となります。つまり、バディとの間に不協和音が起こり、マネジメントが成立しなくなるのです。

バディとの役割分担は陰と陽に分かれる

バディと店長がともにエネルギッシュだったり、ともに弱気だったりすると、同じ対応を2人で行なうだけなので、バディを組む意味があまりありません。

マネジメントには率先垂範でリーダーシップを発揮する陽のマネジメントと、応援・支援・援助することでフォロワーシップを発揮する陰のマネジメントがあります。そこで、バディマネジメントの役割分担も、陽と陰に分けて考えるといいでしょう。

- 店長が突っ走るなら、バディがフォロー、後押しする
- 店長が厳しく叱咤するなら、バディがケアする

図10　バディマネジメントの役割は陽と陰に分ける

役割を決めつけすぎず、得意なやり方を優先するのがコツ。
トライ＆エラーを繰り返して、ベストなやり方を見つけよう。

●店長が投げたボールをバディが受け止める
●バディがトスしたボールを店長がアタックする
●バディのアシストで店長がゴールを決める
●店長が描いたラフスケッチをバディが仕上げる

このような関係と役割分担がベストです。

「仕事上の夫婦」を選ぶような感覚でもいいでしょう。「こんな店にしたい」という考えは「こんな家族にしたい」という考えに似たところがあります。

バディの役割はそれぞれの場面によって変わってきますが、明確に決めつけすぎず、互いに得意なやり方を優先することでいいでしょう。

明確に決めつけてしまうと、結局はギスギスした関係になってしまいます。互いにすべきことをシンクロさせながら、臨機応変に難問・トラブルに対処していけばよいのです。

大事なことは、役割は異なっても、2人で対応することです。売上計画を練るときも、キャンペーンの企画を練るときも、評価面談をするときも、クレームが発生したときも、1人で即断即決するのではなく、協働して答えを出して対処していくのです。

どうしてもスタッフにバディが見つけられない場合、また、バディが育たない場合は「外部の手を借りる」という方法もあります。4章6項で述べた独断専行の人事部長の例では、私はその会社の社長のバディとして対応しているということになります。

プロジェクトなど、日常業務と切り離した対応もしやすくなる

バディマネジメントが活きる仕事のひとつに、「プロジェクトの遂行」があります。

プロジェクトといっても、新規出店や人事制度の構築や新たな基幹システムの導入といった大きな会社が実行する大がかりなものではありません。小さな店でもできる、たとえばハロウィンパーティの企画や商店会が実施する夏祭りイベントへの参加や社内バーベキュー大会、店舗プロモーションなどです。1年がかりでプランニングするようなものでもなく、かといってふだんの仕事に忙殺されるなかでは決してできないことです。

そうしたイベントを、プロジェクトとして日常業務とは切り離して進めます。遂行過程では、スタッフに確認しないといけないこと、意見を求めることなどもあり、また、外部の協力会社との折衝もあります。店長でもスタッフでも1人では負担が大きく、分担しな

がら進めたり決めたりしていかないといけないのです。

そうしたプロジェクトをバディと連携して進めていけば、その楽しさをスタッフと分かち合える喜び、スムーズな進行を実感できます。イベント企画の立案・実行のスキルも身につきます。小さいことでも最初から最後まで関わることができれば、応用がきくようにもなるのです。

とにかく1人でやらないこと

これまで説明してきたように、バディマネジメントは変幻自在。ただし、**ひとつだけルールがあります。それは「1人でやらないこと」。これだけです。**そして、副店長、スタッフリーダー、アルバイトリーダーのほか、スタッフが10人、20人いるような場合は、「この案件については、○○さんと××さんがバディとなって取り組んでください」と、店長がスタッフにバディを組ませてマネジメントしていくこともあります。そのことを他のスタッフにも、「このツートップで取り組むんだな」ということがわかるように伝えるのです。

バディを組み、またバディを組ませたからには、互いのバディを無視して進めたり、バディを飛び越えて指示を出したりすることはしない。このことも大事なポイントです。バディを飛び越えて進めることを習慣化してはいけません。それは失敗するリスク、トラブルや事故を起こすリスクを高めることにつながります。

必ず、**バディ同士がコンセンサスをとりつつ進めること。そのことが店舗文化や企業文化になれば、組織としての絆も強くなる**でしょう。

SNSなどの情報網の充実にともなって、逆に「俺、それは聞いてないよ」というリスクが高まっているかもしれません。あまりにも行き交う情報量が多いと、ついスルーしてしまい、伝えたつもりが伝わっていない、ということがあるのです。

そのことでクレームが発生したり、取り扱いを間違えて事故が起こるリスクもあります。そのリスクを回避するためにも、1人で進めず、2人で進めることが大切です。

育成・定着は〝人の口〟を使う

スタッフの育成・定着のためには、前述したとおり「1人でやらない」とともに、「人の口を使う」ということも大事な視点です。

たとえば、お父さんが子どもにサッカーを教えるとします。そのとき、お父さんが、ドリブルの仕方、周囲の見方、コーナーキックのコツ、パスの出し方など、どれだけ口酸っぱく教えても、言うことを聞かないケースがあります。そのうち、子どもも楽しかったサッカーがつまらなくなり、「お父さん、うるさい！」と文句を言ってサッカーを辞めてしまう……。

このとき、お父さんに大事なことはサッカー選手を連れてきて、一緒に遊んであげることです。子どもはサッカー選手の〝遊びのプレー〟を見ながら、「やはりお父さんとは違う」と感じます。そして、見よう見まねでそのサッカー選手の真似をしてみるのです。パスを受ける一瞬で自分の周りをサッと見るなど「なぜ、そこで、コレをやらなければいけないか」といった理屈は、あとで学べばいいのです。

育成も同じ、厨房もホールも上司である店長が口うるさく指導するより、一流の料理人、ホールスタッフを呼んできて、学ぶ機会を与えれば、その仕草・所作が見よう見まねで身についていきます。バディに言ってもらうということでもいいでしょう。スキルが身につき成長していくことが、スタッフ定着につながります。

6章
Textbook of the management

強いチームをつくる!
飲食店の「目標設定」

1

目標は店のなかに転がっている

達成感を知れば、目標は自然に増えていく

唐突ですが、あなたは、いきなり補助輪なしで自転車に乗れましたか？

きっと、小学校の入学前後に、兄弟や友達が自転車に乗っている姿を見て、「自分も乗りたい」という気持ちが芽生え、「楽しいよ」「いろんなところに行けるよ」などとまわりから言われながら、少しずつ練習したのではないでしょうか。そして、あるとき、コツをつかんで乗れるようになったと思います。

自転車に乗れるようになると、「友だちと隣町に行ってみたい」「お小遣いをもらって買い物に行きたい」など、ワクワクする気持ちが新たに芽生えてきます。

これが目標を達成したときの大きなメリットです。人が「何かをやりたい」と思ったと

き、できることが増えてまわりから褒められたり、上司に評価してもらえたりといった成功体験によって、より「がんばりたい」「楽しい」という気持ちが湧いてくるものです。

逆に、親から「もう小学生になるのだから、自転車に乗れるようになりなさい！」と頭ごなしに言われたら、どうでしょう。しゅんとなって、自転車に乗れるようになるのに時間がかかってしまう子もいるでしょう。

飲食店の目標も一緒です。店長やオーナーが、「これが当店のビジョンだ！」と大上段に振りかざさなくても、

「お客様に丁寧に説明してあげたら、とても喜んでくれた」

「この段取りを踏めば、アルバイトに来るのが楽しくなるよね」

「これがうまくなったら、彼女にも自慢できる」

など、ワクワクすることは日常の業務にたくさん転がっています。自分が決めた目標（ビジョン）が実現できて初めて、「達成するって楽しい」と思えるようになるのです。

ところが、若手スタッフのなかには、「俺には目標とかビジョンとか、そんなものはないよ」という人もいるでしょう。そのときはぜひ、

「これまでの人生でも、できるようになったことはすべて、目標やビジョンをもってチャレンジを繰り返してきた結果なんだよ」

と伝えてみましょう。

スタッフとして店に入り、いきなり包丁を使える人はほとんどいません。まずは本人の「できるようになりたい」という意識が働き、厨房に入り、指導を受けたりして、成功と失敗を繰り返しながら見よう見まねで反復し、数カ月してようやく定着していくのです。

お客様の来店時のあいさつも、アルバイトを始めてすぐはぎこちなくても、やがて店の雰囲気に合ったあいさつができるようになります。

そのような成功体験を繰り返すことで、日々の作業を意識的にトレーニングできるようになります。そして、いつのまにか無意識にできることがたくさん増えていく。これが、目標達成している状態です。

これを理解してもらえば、「ビジョンなんてないよ」という若手スタッフにも、目標達成についてアプローチすることができます。冒頭の「自転車に乗れるようになった頃」の話をしてみるのもよいでしょう。「努力した結果がいまなんだ」とわかってもらえれば、目標を立て、できるようになる喜びを実感してくれるでしょう。

スタッフの目標達成のサポートを積極的にしよう

たとえば、あるスタッフにとって「誰よりもたくさん感謝の言葉をもらう」ことが目標だとします。その場合、まずはお客様に「ありがとう」と言ってもらえることを考えますが、なかなか達成できず、苦戦するかもしれません。

そんなスタッフの姿を見たら、まずは店長がお客様より先に、日常業務のなかで積極的に「ありがとう」と言ってあげるようにします。すると、そのスタッフに感謝されるうれしさが湧いてきます。それが仕事の楽しみやビジョンの実現につながっていくのです。

そうしたささいな観察と思いやりの連続で、店長とスタッフの間に信頼関係が形成されれば、ホールの接客業務からキッチンへなど、次のステップへ導きやすくなります。

「包丁を使えるように一緒にやってみない？」

「俺なんかにできますかね？」

「大丈夫。まずは3カ月で千切りはできるようにしような。その基本が学べれば、どこに行っても活躍できるし、彼女にも感謝されるよ」

こんな感じです。大上段に構えて会議をやるよりも身近なところでスタッフのビジョンを拾い、〝やりたいモード〟のスイッチを入れて実現させたほうが結局は効果的なのです。

なかには、「○○さんみたいになりたい！」といった目標を掲げるスタッフもいるでしょう。

○○さんはとてもサービス能力が高いスタッフで、お客様との会話も上手だし、コミュニケーションにもソツがない。ただ、それはもともと本人がもっている性格や資質によるところが大きく、真似したくてもすぐにはできない場合もあります。

そのような場合でも、具体的なアクションプランを実行し、人は段階的に成長していくということを伝えてあげましょう。**そのアクションサポートをすることが、店長であるあなたの大事な役割**です。

「○○さんみたいになりたい！」、このように憧れる先輩が近くにいることが、本人の成長の源となります。これが数年後には、さまざまなキャラクターで活躍するリーダーが生まれ、さらにそれを目指したいというスタッフが育つというサイクルがチームの文化となっていきます。

2 スタッフが目標を立てるときの6つの課題

目標を達成しやすくする6分野設計シート

スタッフの目標設定は、次の6つの課題に分けて考えるといいでしょう。

①仕事・経済
②考え方
③健康・生活
④教養・学び
⑤時間・タイムマネジメント
⑥人間関係

私が経営に関わる店や、コンサルティングの指導先では、この6分野の目標についてシートにまとめてもらっています。それをもとにミーティングを行ない、定期的な見直しをしているのです。

スタッフの目標設定では、とくに「⑤時間・タイムマネジメント」についての目標についてすり合わせをしておくことが大切です。そのほかの仕事・考え方・健康・人間関係など、すべての項目に関連しているからです。

習慣化をめざした目標設定

身につけたいのは、**ストレスなくできることを数多く続ける**という、習慣化をめざした目標設定の仕方です。

たとえば、「毎日、10分スクワットをする」と決めたのに、達成できなかったスタッフがいたとします。できなかった言い訳として、「忙しくて、10分間スクワットする時間なんてとれない」という人もいるでしょう。そんなときは、

| 図11 | 6分野設計シート

所属店舗	役職・役割	実施日	氏名
○○バル××店	正社員	2024/5/5	△△△△

No.	項目	目標	達成することに対してのメリット	予測される障害	解決アクション	目標達成日	完了日
		具体的な・達成可能な・現実的な	このようになる	目標に対して	達成するための具体的○○	いつまでに	実際完了日
①	仕事・経済	毎日500円貯金する	無理なく貯金できる	忘れてしまう	玄関に貯金箱を置く		
②	考え方	何事も笑顔で取り組む	明るく前向きになれる	コントロールできずに感情を出してしまう	トイレの鏡で笑顔トレーニングをする		
③	健康・生活	自炊をする	お金が浮く	面倒に思う	1回の買い物で計画的に食材を買う		
④	教養・学び	接客英語を学ぶ	お客様の安心感につながる	途中で挫折しそう	本をロッカーに置いておく		
⑤	時間・タイムマネジメント	規則正しい生活をする	体調がよくなる	休みの日は昼まで寝てしまい、夜は夜ふかししてしまう	1時までの就寝を心がける		
⑥	人間関係	人見知りを克服する	好印象をもってもらえる	自分から話しかけられない	人に興味をもち、積極的に質問してみる		

「なるほど。でも、私も昔、先輩に言われたんだけど、おそらくアメリカの大統領よりは時間をとれるはずだよ（笑）。5分のスクワットを朝晩2回に分けてやってもいいし、3分を3回にしてもいいんじゃない？」

と、とにかく続けられるように少しずつ行なうのが、習慣化のコツです。

スクワットでも、英会話でも、接客トレーニングでも、理屈はまったく同じです。「時間がない！」というスタッフは、そもそも10分間の目標を1日のなかに組み込むタイムマネジメントができていません。

実際、毎日10分間の時間をつくるのは、意外と大変なことです。「時間がない」というスタッフには、この1日10分の〝長さ〟を理解してもらって、「1分、30秒でできる目標に設定し直そう」と気づいてもらいましょう。

スタッフのなかには、実家を離れ、独り暮らしをしている人も少なからずいます。そこで、「⑥人間関係」の領域で、「1日10分、実家に連絡し、コミュニケーションを図る」という目標を掲げるスタッフもいます。そのような場合、

「毎日10分、実家に電話できる？　それは大変だと思うよ。30秒で『元気にやってるから』とメールを打つだけで十分だと思うよ」

などとアドバイスしてあげれば、スタッフは1日のなかに30秒を組み込むタイムマネジメントをする習慣が身につきます。

こういうタイムマネジメントができるスタッフが育っていけば、

「はい、では30秒で朝礼しますよ！」

とテキパキと仕事を進められるようにもなるのです。

目標は、できるだけ小さく。ストレスになってしまうくらい、がんばらなければならないものはNGです。

「ものごとを細切れにして、継続力を身につけること」ができるようになると、「目標設定の仕方、目標達成の楽しみがわかりました！」と言って、みるみる成長していく若手スタッフが出てきます。

3 目標設定ミーティングを行なう

月1回、ミーティング形式で目標を立てるのも手

目標設定は、１人ひとり個別にやっていると時間がとられすぎる場合もあるので、ミーティング形式で行なうのもよいでしょう。具体的には、**アクションプランミーティング、目標設定ミーティング**といったものを設定します。

ミーティング形式で行なえば、スタッフ同士が互いにどのような目標設定を行なっているかを知ることができ、前項で示した６つの課題についてどのように進めたらよいかを共有することにつながります。たとえば、仕事はすごくできるけど、暴飲暴食で体調不良になったスタッフがいたら、

「仕事はすごくできるけど、病気で寝たきりになってしまった人がいます。これって幸せ

だと思う？」

といったテーマでミーティングを行なって、目標設計やアクションプランにつなげていきます。

ただし、スタッフは誰しも、いきなり店長の言葉に耳を傾けるモードになるとは限りません。1回のミーティングで目標設定やアクションプランができあがるわけでもないので、毎月1回は目標やプランの設定とともに、目標達成の進捗のチェックも兼ねてミーティングを行なうのがおすすめです。この活動がPDCAとして回っていくのです。

人間誰しも「意識して忘れ、実行して忘れ」を繰り返すものです。ずっと意識し続ける、実行し続けるなんて、まずできません。それでも、いいのです。

「〝意識して忘れて、実行して忘れて〟を7回くらい繰り返せば、何となく習慣になって目標達成に近づいていく」

これくらいの余裕をもってミーティングを重ねていきたいものです。

このとき、店長は「スタッフが目標を思い出す作業」のきっかけを提示すれば十分です。大切なのは、ミーティングを継続し、チームの習慣にしていくことです。

なお、まれに、「③健康・生活」の領域で、「腕立て伏せを毎日100回やります！」といったちょっと無茶な目標を立てるスタッフもいます。

目標設定のミーティングのときはモチベーションも高まっているので、こう宣言するのも悪いことではありません。そのとき店長は、

「おまえには無理だから、絶対にやめとけ！」

などとは言わないこと。「お、いいね」と賛同しておいて、次の月に、「なかなか続けられない」といった発言があったら、

「まったくやらなくなるのはもったいないから、1日10回にしよう。1日10回でも1カ月で300回、1年で3650回。これって、すごいよね」

と励まします。

これは何も腕立て伏せに限ったことではなく、**「実情に合わせて目標を下げてもよい」**ということです。それでも習慣として身につけば、いずれ腕立て伏せを毎日10回やらないと気持ちが悪くて眠れない状態になります。それがそのスタッフの目標の習慣化ということです。やり続ける限りは、必ず本人の血肉になるのです。

4 店の目標とスタッフの目標をすり合わせる4つのステップ

店の目標をスタッフ全員で達成するアクションプラン

目標は店から下りてくるわけではありません。では、店の目標と、個人の目標をどうすり合わせていけばよいのでしょうか。

それには、次の4ステップを踏むとよいでしょう。

ステップ1　店の目標について意見を集める

まずは、ミーティングや個人面談などで「どうすればいいチームになるのか」「どうやっていけばお客様にまた行きたいと思われる店になるのか」を話し合い、意見を集めます。そのなかで、個人として取り組むより、チームとして、店として取り組むべきことが店の目標となります。この段階では、店の目標と個人の目標をまったく別のものと考えて、ムリにすり合わせをする必要はありません。

ステップ2　目標達成のメリットを明確にする

たとえば、「ウェルカム感のある雰囲気のいい店にする」という目標が、店の目標としてできあがったとします。そのうえで、その目標を達成できたときのメリットをあげていきます。

「自分たちが楽しく働けるようにする」「お客様に喜んでもらえる店にする」といった意見が出たら、その結果、どういうことが実現できるかを考えていきます。

たとえば、その結果、お客様が増えて売上が伸びる。さらにその結果、時給や給料が上がる。さらにその結果、次の店を出店できるチャンスが広がってくる……。このようにメリットを展開していきます。

ステップ3　目標達成するときのデメリットを明確にする

メリットをあげるとともに、目標を達成するために克服すべきこと（＝デメリット）もあげていきます。

「大きな声でのお出迎えが恥ずかしい」「あのスタッフはたぶん協力してくれないかも」など、メリットの数と同じくらいデメリットも出てくるはずです。

このとき、「デメリットを解決するためにはどうすればいいのかな?」と考えることが、個人の目標を設定するきっかけにもなります。「大きな声でのお出迎えは恥ずかしい」というデメリットであれば、「まずはお客様のいないところでトレーニングを積んで、自信をつける」といった目標ができます。

家庭や学校などの諸事情で、「店の目標のためにシフトを変えたりするのは困る」といったスタッフもいます。それをわがままだとか、非協力的だと言うのは簡単ですが、そのような事情も考慮して、周囲が協力して行動計画(アクションプラン)を立てて対処していくことが個人の目標になるケースもあるでしょう。

ステップ4 個人のアクションプランにつなげていく

そういったさまざまな事情も踏まえて、個人のアクションプランにつなげていきます。

「ウェルカム感のある雰囲気のいい店をつくる」という店の目標があれば、「自分は笑顔をつくるのが苦手なので、まず、そこから始めます」という個人の目標が設定されます。そこから、「必ず鏡の前で笑顔の練習をしてから出勤する」というアクションプランを立てます。

アクションプランは、今日からでもすぐに始められるものにしましょう。自分の毎日の行動パターンとして続けていけば、習慣化していきます。

アクションプランで立てた行動が自然にできるようになれば、目標達成に近づき、さらなる目標を設定することにもつながるでしょう。

今日からでも取り組めるアクションプランを立てよう

ちなみに、この「笑顔をつくる」というのは、私が19歳のとき、実際に立てた最初の目標です。それまでは高校で運動部に入っていたので、「笑顔なんてかったるいな」と思っていたのですが、先輩からは、「なんてふて腐れた顔で仕事に来ているんだ。それじゃ仕事にならないよ」などと、ずいぶん怒られました。

そこで考えたのが「笑顔をつくる」という目標です。私が考えた笑顔のメリットは、

「お客様に人気が出る」「先輩にいい男だと思われる」「次の仕事のチャンスが回ってくる」など。一方、チャラい男だと思われるかもしれない、というデメリットが考えられました。そこで、〝チャラくない笑顔〟をつくるために、先輩に笑顔のつくり方について指導してもらったのです。そして、

● 出勤前に15分、鏡に向かって笑顔の体操をする
● 笑顔がないときには先輩に厳しく注意してもらう

という2つのアクションプランを立てました。

このトレーニングを意識的に続けていったおかげで定着して、自然と笑顔ができるようになりました。

5

複数店舗の目標は、QSCの観点で設定する

QSCを軸にした目標設定シート

複数の店舗を展開するチェーン企業では、もう少し系統だった目標の設定の仕方が必要なこともあります。

その場合は、**QSCを軸としたフレームワーク**で考えるとよいでしょう。

QSCとは、飲食店でよく使われる指標で、

●クオリティ（Quality＝品質・料理のおいしさ）
●サービス（Service＝サービス）
●クレンリネス（Cleanliness＝清潔さ）

| 図12 | QSCで個人の目標を設定する

	目標	メリット	デメリット	アクションプラン
クオリティ ▼ Quality ＝品質	・メニューの数を増やしたい	・お客様が喜ぶ ・自信がつく	・時間がとれない ・アイディアが浮かばない	・トレンドの本を1冊購入する ・Instagramで写真をストックする
サービス ▼ Service ＝サービス	・わかりやすく商品説明をしたい	・自分の知識が増える ・お客様とコミュニケーションがとれる	・話すのが苦手	・1日5分ロールプレイングを店長にお願いする
クレンリネス ▼ Cleanliness ＝清潔さ	・テーブルセットを白にきれいに整えたい	・気持ちがよい ・お客様が喜ぶ	・忙しいと忘れてしまう	・オペレーションの順番を変えてみる

のことです。

QSCの観点から自分の店を評価し、それが30点だったとしましょう。残り70点は「どこの、何ができていないのか」を明確にして改善策をあげていけば、それがスタッフ個人の受け持つ部署、また個人の目標になります。メニューに満足できていないなら、メニュー開発が店の目標であるとともに、担当スタッフ（シェフ）の目標となるわけです。

すると、そのメリットとして、「自分自身のシェフとしてのネームバリューが上がる」といったことも出てきますし、デメリットとして「最先端の料理の知識やトレンドが理解できていない」といったことが出てきます。

そして、その**デメリットを埋めるようなアクションプランを考えます**。たとえば、「今日の帰りに本屋に寄って、いまのトレンドの料理本を3冊購入する」「2カ月に一度、繁盛店の視察に店長と行く」などのアクションプランです。

もちろん、シェフがメニュー開発をすればそれでよし、というわけではありません。広報・宣伝スタッフとしては、メニュー開発を活かしたブランディングが目標になってきます。料理の印象をよくするためにフォトジェニックな写真がどうすれば撮影できるのか、インスタグラムの使い方・活かし方が理解できていないなら、その習得がアクションプランになります。

スタッフそれぞれが受け持っている仕事・役割によって、アクションプランや目標は異なりますが、この目標設計からアクションプランまでのサイクルを繰り返すなかで、いい循環ができていきます。

自分の成長によって店のクオリティが上がると、その結果、お客様が喜び、新規客やリピーターが増えます。そして、お店が繁盛し、たくさんのお客様から「おいしかったよ」「ありがとう」と言ってもらえることで、また自分自身もがんばろう！　というサイクルが生まれるのです。

6 圧倒的な大人マネジメントをしよう

どちらでもいいときは、スタッフの意見を優先させる

目標の設定と達成において、「忍耐力」をもって相手をわかろうとすると、相手の真意を理解でき、互いにとってよい解決策を導き出せるようになります。そのため、店長のマネジメントの力も、ぐっと上がってきます。

たとえば、採用スキル。相手を見極めつつ、こちらのことも理解してもらえるよう努めるようになるので、採用ミスが少なくなり、採用したあと、突然、「辞めます！」というような人は採らなくなります。

私はこのような方法によるマネジメントを**圧倒的な大人マネジメント**と呼んでいます。精神的に、こちらが圧倒的な大人になって心を開き、すべてを受け入れるスタンスをとる

のです。

「自分の意見は正しいんだ」という思考だと、不健全なプライドが働いて、自分の意見を押し通そうとしてしまいます。これは「子どもマネジメント」の典型例です。

そうではなく、自分が大人になって受け入れる余地があることを示すのです。日々の業務の細かな意思決定のほとんどのことは、どちらを選んでも大差はありません。

たとえば、AとBの選択肢を選ばなければならないとき、スタッフの意見と違ったとします。それがどちらを選んでも、結果にそれほど大きな差が出ないようなときは、スタッフの意見に譲るのです。

大切なのは、スタッフが自分で選んだことだと納得すること。スタッフに納得感をもたせるために、どちらでもよい場合には相手に譲ってあげましょう。

メリットとデメリットの両面を考える習慣をつける

後輩や部下が目標を立てるとき、店長は、

「そのときのメリットは？　デメリットはどんなことが考えられる？　じゃあ、その目標に対するアクションプランを考えてみよう」

と、提案していきます。

どんな店長も、圧倒的な大人マネジメントをすぐにできるようになるわけではありません。やはり、かたくなな人は簡単には変われないものです。店長自身も目標を立て、アクションプランを遂行していけば、周囲との関係が徐々によくなっていきます。

これまでまったく尊敬を集めていなかった店長が尊敬され始めたり、実はあいさつができていなかった店長があいさつを交わすようになったりします。

そのきっかけさえつくれば、あとはみるみる好転していきます。

Textbook of the management

7章

スタッフの成長を早める！飲食店の「人事評価」

1 店舗の店長・スタッフの評価はむずかしい

Textbook of management

数値評価は絶対額より「改善率」

飲食店には飲食店特有の評価のむずかしさがあります。飲食店でも複数の店舗を展開すると、個々の店が1つの会社のようになって、独自の環境が生まれています。また、売上も、その立地条件に大きく左右されるからです。

売上を1つの指標として評価すると、競合店が近くにできた、裏の道路が拡張されて人通りが変わったなど、どうにもならない理由で売上が下がることもあります。

また、複数店舗を営んでいる会社では、売上不振に苦慮する店の挽回策として、その不振店に優秀な店長やスタッフリーダーなどを投入します。当然、改善を行ない立て直しを図るところからスタートするので、すぐに実績数字には結びつきません。

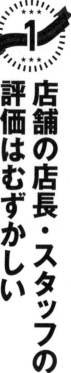

店の実績数字によりすぎた評価では、評価される店長やスタッフが浮かばれません。その解決策として、私は、そうした数字以上にＱＳＣの考え方も取り入れた評価をしています。そうした評価項目そのものについては、本書では、私が経営に関わっている会社の例を一部ご覧いただくことにとどめたいと思います（２３８～２４３ページ）。なぜなら、評価制度については、この章だけでまとめることはできないくらい慎重に考えて行なうべきものだからです

ＱＳＣとは、前章５項でお話ししたように「クオリティ・サービス・クレンリネス」という小売店の３要素です。それらがどの程度実現できているかを、面談や実際に店舗を見に行ったりして、確認して数値化しています。このとき、重視しているのが「改善率」です。目の前の数字より、前回からどれだけ成長したかを確認します。

そのことに加え、社員全員が取り組む重要課題として、離職率も評価基準に入れています。「スタッフが辞めない店づくり」は昨今の飲食店の人手不足の事情を踏まえると、最も重要な尺度ということもできます。

このような数字評価とともに、行動評価も重要な項目です。評価項目としては、報連相ができているか、対人影響力があるか、チームワーク、積極性、セルフコントロールはど

	自己評価					一次評価			
		評価	換算点	ウエイト	項目別点数	評価	換算点	ウエイト	項目別点数
	予約管理をもっと意識し、自店での売上だけでなくチェーン全体の売上も考える	3	50	30%	15			30%	
	いままであまり得意ではなかった、人に教えるということも、他のスタッフに業務分担し、自分だけの仕事をふれるようになった	4	75	20%	15			20%	
	自分の業務は気にかけているが、レストランや自分の担当ではないときに対応が遅れる	3	50	25%	12.5			25%	
	必ずしないといけないこと以外は翌日にまわす傾向にあり、次の日も忙しいと忘れてしまいがちで、足元にファイルが常にたまっている	3	50	15%	7.5			15%	
	自分の忙しさでコミニュケーション不足もあるが、イベントは積極的に行なうようにする	3	50	10%	5			10%	
				0%				0%	
				自己評価合計				①一次評価合計点	
				55				0	

業績評価／一次評価者コメント

図13-1 業績評価

	目標・達成基準（何を）	ウエイト	達成方法（どのように、どこまで、いつまで）	
1	店舗売上・管理 確実に予約で台帳を埋めていく	30%	予約の入りやすい時間帯・1日・1カ月の売上見込みの計算を常に意識する	
2	Q ・店舗Q評価 80%以上 新人スタッフの活用	20%	新しく入ったスタッフにも会社の一員として責任をもって仕事をしてもらえるよう知識を共有する	
3	S ・店舗S評価 80%以上 安心の接客	25%	お客様からの問い合わせなどに、不快なくしっかりとしたお答えができるよう丁寧な言葉で対応する	
4	C ・店舗C評価 80%以上 整理整頓	15%	繁忙期に突入し、打ち合わせが重なったとしても、当日中に処理する期限を決めて仕事をする	
5	スタッフ離職率 ・各スタッフの本音を聞き出し、 いい環境づくりに変更していく	10%	スタッフ同士で気軽に話し合える時間を設け、ささいなことでも仲間だと思ってもらえる雰囲気をつくる	
6		%		
		ウエイト #REF! %		

行動評価／一次評価者コメント			項目別評価	項目別点数計算方法	
5	目標を大きく上回った	115%以上	5 →	100	
4	目標を上回った	105%以上	4 →	75	
3	目標をほぼ達成した	95%以上	3 →	50 × ウエイト% ＝ 項目別ポイント	
2	目標を下回った	80%以上	2 →	25	
1	目標を大きく下回った	80%未満	1 →	0	

となる行動要件が異なる）

レベル2 受動行動	レベル1 問題行動	自己評価			一次評価	
		コメント	評価	点数	評価	点数
会社・業務上の規則、上司の指示を守らないことが時々あり、注意されることがあった。	会社・業務上の規則、上司の指示を守らないことが多く、注意されることも多かった。	自身の目先のことしか見えなくなることがある。	2	5		
基本的な報・連・相が不十分なことがある。	基本的な報・連・相ができず、業務に支障をきたすことがたびたびある。	意識はしているが、抜けてしまうことがある。自身の中で自己完結してしまう傾向がある。	2	5		
上司の指示のもとに、改善提案や自己啓発をやろうとしている。	仕事に対する熱意が見られず、常に受け身の姿勢で指示されたことのみを実施している。	以前課題としてあげていただいた自身の得意分野を他のスタッフにも伝えることがまだ未熟である。	2	5		
与えられた仕事を納得性のない理由をつけ回避したり、忘れて怠ったりすることがまれにある。	与えられた仕事を途中でやめてしまったり、無断で放棄することがある。	自身の目先の業務に追われることが多々あり、優先順位に乱れが生じることがある。	2	5		
特別な事情がない限りは、期限を守っている。	期限のある業務を把握しているが、守れないことがある。	期限間近になることが目立つ。	2	5		
現象、事実を表面的にしか把握しないことがあり、認識のズレが起こることがある。	起こったことに対して、本質的な理解や認識ができず、重要な事実を見落とすことがある。	問題を深く考えきれていないこともあるが、理解や認識はできている。	3	10		

|図13-2| 行動評価（グレード／所属部署によって評価対象

	行動要件	概要	レベル5 変革行動	レベル4 創造行動	レベル3 能動行動
1	規律性	店長の指示や会社・店舗のルールを守り、職場・会社の秩序維持に努めている。	会社・業務上の規則、上司の指示を守っており、他の人にも守るよう働きかけている。また、常識的なマナーを守っている。	会社・業務上の規則、上司の指示を守っており、注意されることはなかった。	会社・業務上の規則、上司の指示をほぼ守っており、注意されることは少なかった。
2	報・連・相	業務が円滑に流れるよう、適切な報告・連絡・相談を行なう。	報・連・相の積極的な実施により、円滑な業務の流れをつくっている。	業務に支障をきたさぬよう、報・連・相を行なっている。	基本的な報・連・相に関しては問題ない。
3	積極性	担当する仕事に対し現状に甘んじることなく、困難な仕事であってもみずからチャレンジする力。	目標を達成しても決して満足せず、さらに高い目標に挑戦している。複雑で困難な仕事でも前向きにぶつかり、常に職務拡大に努めている。	仕事の量的拡大・改善提案、および自己啓発に総合的にいつもみずから取り組んでいる。	仕事の量的拡大・改善提案、または自己啓発のどれかにみずから取り組んでいる。
4	責任性	自分に課せられた業務を計画通り最後までやり遂げる能力。	かなりの困難や無理のある条件下でも、最後まで遂行し、やり遂げている。	多少の困難があっても仕事を計画通りやろうと努力しており、最後までやり遂げている。	与えられた仕事について、通常最後までやり遂げており、大きな問題はない。
5	時間管理	いかなるときにも正しく時間管理を行ない、よりよい成果に結びつく仕事をしている状態（期限遅れもリカバーする)。	いかなる状況においても、他従業員の見本となるレベルの管理手法を用いて、業務自体の成果レベルを一切下げることなく、期限を守っている。	いかなる状況においても、多様な管理手法を用いて、業務自体の成果レベルを下げず、期限を守っている。	いかなる状況においても、多様な管理手法を用いて、期限を守っている。
6	現状認識力	現在の状況や、問題を迅速かつ的確に把握し、将来を洞察できる能力。	迅速かつ的確に現実的な状況把握ができ、問題のポイント・優先順位についての判断が正確で結果において誤ることがない。	的確に現実的な状況把握ができ、複雑な問題についてもズレは少ない。	現実的な状況把握はできるが、やや時間がかかる。通常の問題について、認識のズレは、まずない。

レベル2 受動行動	レベル1 問題行動	自己評価			一次評価	
		コメント	評価	点数	評価	点数
自分に任せられらた役割は責任をもって行動しているが、他のチームメンバーの役割は十分に理解しておらず、関心は薄い。	自部門の目標に対し、みずからの役割は認識しているものの、みずからの行動は発揮できていない。あるいは自分の言動により自部門が混乱することがある。	社員の方とはもちろん、パートナーとも時間があれば会話をするように心がけている。	3	10		
「サービス3ステップ」について、会社で決定している戦略にしたがい、実行し指示、指導を受けることもあるが行動することができる。	「サービス3ステップ」について、会社で決定している戦略の理解が乏しく、行動に移すことができないときもある。	お客様のことを第一に考え行動しようと心がけているが自身のことに追われていると忘れ抜けがある。	3	10		
「企業風土」について、会社で決定している戦略にしたがい、実行し指示、指導を受けることもあるが行動することができる。	「企業風土」について、会社で決定している戦略の理解が乏しく、行動に移すことができないときもある。	自身のスキルアップのために各セクションと歩み寄る努力はしているが、意見を通したいと思いがちである。	2	5		
「行動指針」について、会社で決定している戦略にしたがい、実行し指示、指導を受けることもあるが行動することができる。	「行動指針」について、会社で決定している戦略の理解が乏しく、行動に移すことができないときもある。	自分の仕事に自信をもち、仕事ができるようさらに積極的に行動する必要がある。	2	5		

行動評価／一次評価者コメント	評価別換算点		自己評価合計	一次評価合計
	5	20	65	0
	4	15		
	3	10		
	2	5		
	1	0		

	行動要件	概要	レベル5 変革行動	レベル4 創造行動	レベル3 能動行動
7	コミュニケーション	メンバーと協力し合いながら、店舗の目標を達成しようとする能力。	自分の前向きな行動やチームメンバーとの相互協力により、チーム内のリーダーとしての存在となっている。	チームメンバーの能力や行動の特性を把握し、相手に応じた形でやる気を引き出したりしながら、チーム全体の前向きな雰囲気を作り上げ、成果に導いている。	自分から進んで他のチームメンバーに協力し、援助を行なっている。自分に対する他者の意見も、謙虚に受け入れようとする姿勢がある。
8	サービス3ステップ	お客様へのおもてなしを行ない、最高の満足を提供することができる。	「サービス3ステップ」について、積極的にイニシアティブをとり、戦略を立て実行し、会社へ影響を与え、浸透させることができる。	「サービス3ステップ」について、会社で決定している戦略にしたがい、実行し、社員へ影響を与えることができる。	「サービス3ステップ」について、会社で決定している戦略にしたがい、実行し積極的に行動することでスタッフの模範となることができる。
9	企業風土	全社員が会社に希望と誇りをもち、誰もが一生働きたいと思う職場づくりに貢献することができる。	「企業風土」について、積極的にイニシアティブをとり、戦略を立て実行し、会社へ影響を与え、浸透させることができる。	「企業風土」について、会社で決定している戦略にしたがい、実行し、社員へ影響を与えることができる。	「企業風土」について、会社で決定している戦略にしたがい、実行し積極的に行動することでスタッフの模範となることができる。
10	行動指針	「行動指針」に沿って誇りと自信をもって行動し、社員の模範となる行動をとることができる。	「行動指針」について、積極的にイニシアティブをとり、戦略を立て実行し、会社へ影響を与え、浸透させることができる。	「行動指針」について、会社で決定している戦略にしたがい、実行し、社員へ影響を与えることができる。	「行動指針」について、会社で決定している戦略にしたがい、実行し積極的に行動することでスタッフの模範となることができる。

うかなどです。店長ともなると、指導力や専門性、企画力、育成力、戦略力といった項目も加味します。

実際に店長・スタッフの評価制度をしっかり運用できている会社は、飲食店でも数%の大手チェーンのみ。おそらくほとんどが適切に運用できていないか、そもそも評価制度がない、あっても機能していないのが実状です。

現在、私が推奨している評価制度の考え方は、上司が部下の優劣を数値評価だけで判断するものではなく、上司と部下が一緒に立てた数値目標と行動目標に関して、どのようにこの半年間取り組んできたのかという点に関して、自己評価をもとに評価者と評価ミーティングで評価していくものです。

中途半端な評価制度の運用は、スタッフのモチベーション低下や会社のコストを急激に圧迫する可能性があるので、店の規模感や社風も考慮して段階的に導入するのが望ましいと思います。また、実績のよいときは評価制度を活用し給料や賞与を支払うことはできますが、中小の飲食店の場合はそれができないこともあります。その場合は組織の維持ができなくなりますので、安易な導入には注意が必要です。

2 評価で一番重要なのは面談である

評価する項目の取り組み、結果を面談で確認する

評価制度の細かな部分を詳細にお伝えするより、本書では評価制度の導入にあたり考え方の重要なポイントは何かを示したほうがよいでしょう。

私が重視すべきだと考えているのは面談です。単独店や数店舗を展開する店であれば、その面談を給料を決める判断材料の中心に置くことで十分ではないでしょうか。

一般的には評価は2段階に分かれ、1次評価は店長とマネージャーなど2人以上とスタッフの面談で行ない、2次評価は店のオーナーや社長も入った評価者会議で最終調整をします。

このように紹介すると、「自分の店とずいぶん違う、たいそうなことをやるんだな」と思う店長がいるかもしれません。たしかに、ある程度の規模になると、形としてはそのような順番になりますが、オーナーが店の近くにいて運営も行なっている場合はコミュニケーションが毎日とれているはずなので、2段階に分ける必要はありません。

ただし、どんなシステムで評価の会議を行なっていても、半年や年に1度、店長やオーナーが1人ひとりのスタッフと面談し、今後、どのようなアクションを起こしていくかについて膝を突き合わせて話し合うことの大切さは変わりません。

単独店のみなど小さな店では、複雑な評価制度の構築にエネルギーを注ぐより、より面談の精度を上げることに時間と労力を費やすべきです。ただし、自分の店では何をすれば評価されるのかだけは明確にしておきましょう。そして、評価そのものはできるだけシンプルに考えます。

ケース別の面談のポイント

面談のポイントについて、ケース別に例を示しましょう。

①お客様とスタッフ、スタッフ同士のコミュニケーション力を高めたい場合

「お客様とスタッフ、スタッフ同士のコミュニケーション力を高める」ことに取り組んでいる店があるとします。その場合、まずコミュニケーションの部分だけで評価することが大切です。具体的には、報連相ができているか、あいさつが徹底されているか、コミュニケーションミーティングといったものを定期的に行ない、積極的に関わっているか、などの点からスタッフを評価します。

②あいさつを徹底したい場合

分離礼での丁寧なあいさつを徹底したいという店であれば、あいさつだけを評価します。「あいさつは普通だけど、料理は一流」というスタッフがいたら、あいさつの部分を抽出し、「5段階評価であれば3」という評価をしてもよいということです。

ここで評価内容の対象がブレてしまっては、「分離礼での元気なあいさつはできないけど、料理はできるし、がんばっているから給料を上げてもいいかな」といった情緒的な評価になってしまい、チームとしての評価ルールが運用できなくなります。

③仕事の技術・スキルを高めたい場合

技術的な面を志向する店では、複数の評価しやすい項目を用意しておくこともひとつの手です。たとえば、新メニューの開発数とか、料理の提供スピードなどを評価することで、職人のモチベーションの維持向上をめざすのです。

いずれの場合もNGなのは、定期的な評価面談は面倒くさいと、面談評価そのものをやめてしまうこと。それでは、店長とスタッフが膝を突き合わせて話し合う場がなくなってしまいます。

定期的な面談の手間を避ける意味では、6章で紹介した「目標設定の6つの課題」の自己評価を、会社・店長からの評価に連動させてもいいでしょう。自己評価をもとに面談し、自分のめざすべき方向性について、店長やオーナーとスタッフのコンセンサスをとっていくのです。

数値評価は目標設定のアクションと到達度合いで行なう

QSCなど数値化しやすい評価では、半年、1年の目標を設定し、その到達度合いを評価するという考え方がおすすめです。クレンリネスなら清潔さについてスタッフみんなで設定した目標を5点満点として、1年間の到達度合いを自己評価します。その自己評価をもとに店長や社長と面談して確認し、昇給や昇格の判断材料とするのです。

このとき注意したいのは、**相対評価をしない**ことです。本人が立てた目標を、どのようなアクションで達成に向けて活動したのかが重要です。他のスタッフと相対比較し、ランキングをする趣旨のものではありません。

また、その判断材料をもとにどの程度の給料の支払い余力があるかどうかは、店全体の経営状態によります。そのため、まずは賞与から昇給をスタートするなどオーナーとも話し合いながら調整することが重要です。

そのなかで、「給料は現状であれば、この幅での報酬は還元できるね。スタッフにもっと働くことの楽しさを見いだしてもらうきっかけにしよう」といった会話になるかもしれません。

スタッフを適正に評価し、少しでも還元できる店にしたいという意思がなく、現状維持でよいという姿勢のオーナーでは、人が定着し、成長する組織にはならないでしょう。

面談ではフィードバックをとくに重視する

半年に1回、あるいは1年に1回、スタッフ自身の立てた目標を店長と一緒に振り返ることに面談の意義があります。つまり、「フィードバック面談」です。

ここでは、フィードバックのポイントをあげておきます。

①評価のズレを埋め、スタッフに「がんばります」と言ってもらえるようにする

フィードバック面談の前に自己評価を行なって、目標について半年後、1年後の自己評価について面談していきます。

「この自己評価はちょっと高いね。半年前の目標設定が楽すぎたのかもしれない」

「この自己評価は低いように思う。現実はもっとできていると思うよ」

などと話をしながら、なぜ評価者（店長）の認識と面談を受けるスタッフとの認識にズレがあるのかを説明していきます。そして、次の半年、1年の目標はそのズレをなくすような観点から設定していくようにします。

そして、面談が終わったとき、スタッフに、

図14

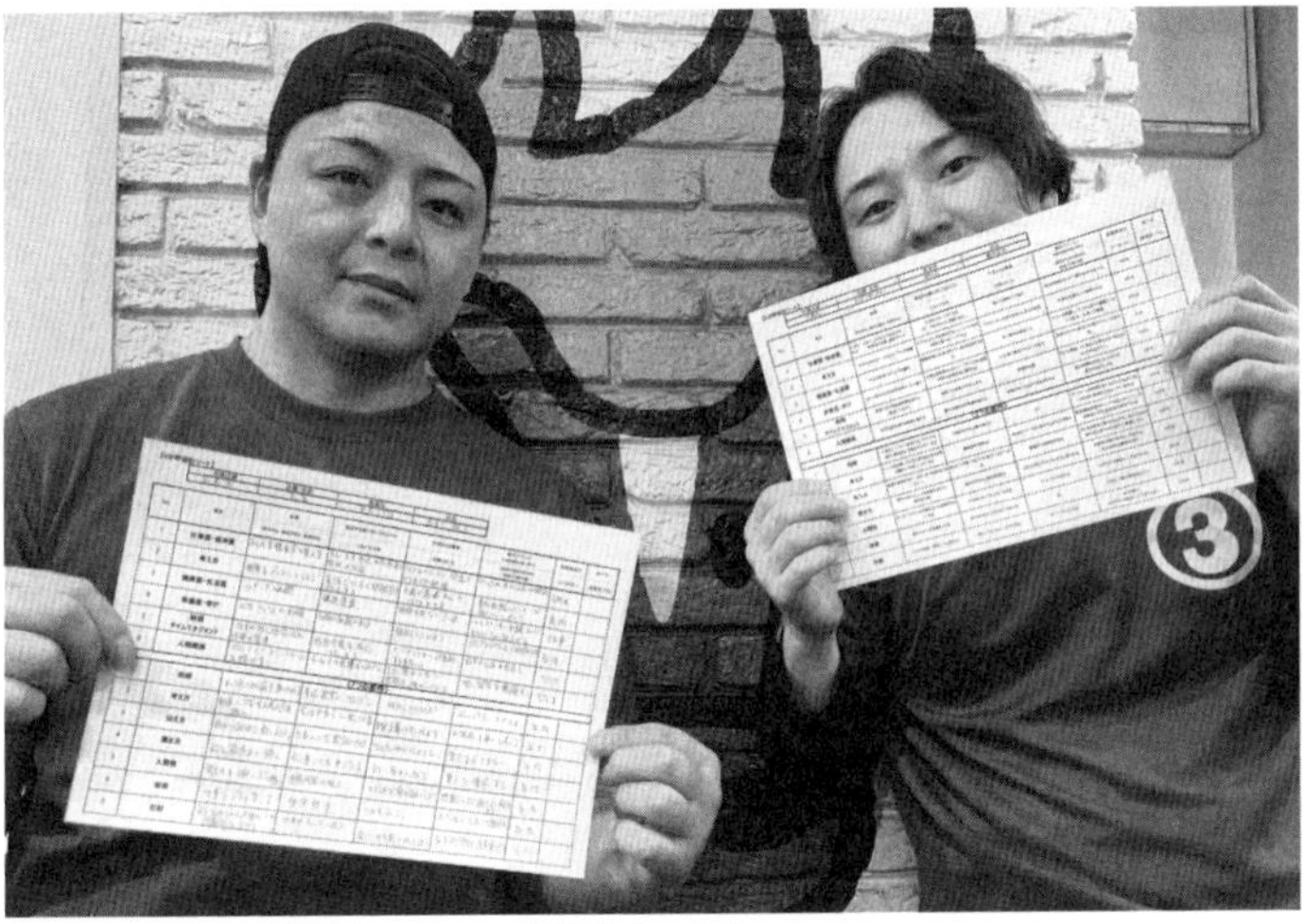

評価面談の後に記念撮影をして、いい雰囲気をつくる

「そうですよね。私、もうちょっとがんばってみます！」

と、面談スタート時よりプラスの状態になるアプローチが大切です。

②何を、どうがんばるかを示してもらうようにする

「もうちょっとがんばってみます」と言ってもらえるようにするコツは、欠点や不足点ばかりを指摘するのではなく、

「では、どうすればいい？」

とスタッフに投げかけ、スタッフの言葉で答えてもらうようにすることです。さらに、「がんばります」だけで

なく、「何を、どうがんばるのか」について、店長とスタッフがコンセンサスをとり、目標設定の手順で次のアクションプランを設けるようにするとよいでしょう。

スタッフに「半年、がんばってみます」と言ってもらえるか、「もう、やってられないよ」と思われてしまうのかは店長であるあなた次第。評価は往々にしてマイナス部分のほうが指摘しやすいのかもしれませんが、発想を180度変えて、プラス思考でのアプローチを意識していきましょう。

③フィードバック面談のトレーニングをする場は、日常業務と心得る

店長が行なうプラス思考のフィードバック面談のトレーニングの場は、まさしく日常業務そのものです。日頃から店長自身がまずスタッフをよく観察し、店長のほうからスタッフにアプローチしていく。店長が指示・命令をするときは、スタッフのやる気を削がないような配慮をする。その積み重ねです。

「何度も言ってるよね。何でできないの？」

そう言ってしまうと、マイナス1。

「こんなこともわからないの。ちゃんとやってくださいよ！」

と言ってしまうと、マイナス1。

「このまま気づかないで続けてしまうと、お客様も悲しむよね」と主語をお客様でアプロートできれば、プラス1……といったように、店長が自分の指示の出し方について自己採点するのもいいでしょう。

言い回しはいろいろありますが、店長の〝腹に落ちている〟姿が確認できればいいのです。それが「スタッフが辞めずに成長する面談」をトレーニングしていくときのコツです。

④感謝の気持ちを伝える

面談の際には、日頃の感謝の気持ちを伝えてから始めるのもいいでしょう。

「いつも、ありがとうございます」

「いつも、サポートしてもらえて助かっています」

こうしたひと言から始めることができれば、いつもは強面に見られている店長もぐっと打ちとけて、フィードバックが進められます。

そして、改めて分離礼から空気を変えて、面談をスタートします。

この半年、1年の目標設定した内容について発表をしてもらい、課題点に関しては具体的なアクションのアドバイスをしていきます。最後に、
「この部分は改善していかないと、もったいないから、次の半年、一緒に改善していきましょう」
と終われればOKです。とくに数店舗レベルの店では、評価点数が何点かより、こうした面談のほうが働きがいのある職場づくりのためには重要です。

なお、1人ひとりの面談の時間は、私は30〜60分くらいを割いていいます。前述したバディマネジメントにも関わりますが、ほとんどの場合、店長と一緒にマネージャーや、本部長、オーナーといった立場の人も同席します。

店の規模に関係なく、1人3分や5分ではフィードバックが足りないように感じるでしょうし、1時間以上になると集中力がもたないかもしれません。

3

どんな成果を示したスタッフを評価すべきか

「店の方向性としてふさわしい」ことを評価の基準に置く

評価においては、「どんな人を評価すべきか」ということも大きなテーマです。

人事考課で評点の高い人を評価することも大事かもしれませんが、現実はそのようにスパッと割り切れるものではありません。

スタッフの評価については、店長と社長、オーナーなどが議論して、統一した見解をつくっておき、それをスタッフにも示しておくことがおすすめです。

もちろん、評価基準は「店の方向性としてふさわしい」かどうかです。たとえば、

●お客様視点での重要なネガティブ情報を、ミーティングの場で明確に伝えられる人

ということもいいでしょう。

これは、「ミーティングや会議の場で」というところがポイントです。

ふだんはハキハキとしているのに、ミーティングや会議の場では押し黙り、つまらなさそうな顔をしているスタッフがいるものです。そんな雰囲気に風穴を空けてくれるスタッフを評価するのです。

●現実的で具体的な改善策をミーティングで発信できる人

前述したように、会社や店にはそれぞれ独自の文化があります。同じ居酒屋でも、客単価の高い店と安い店では、求められている文化も違うでしょう。スタッフはそうした文化になじみながら働き続けるものです。

そして、店長はもちろん、社長やオーナーは、自分の店の文化を大事にしたいと思っています。そのとき必要なのは、**耳障りのいい報告ばかりではなく、耳に痛い報告**です。

いい報告ばかりだとご満悦になる社長オーナーもいますが、成長している店では本質的には言いにくいことを言ってくれる人が重要であり、そのような人材を求めています。

お客様からのクレームなどのネガティブ情報を伝えると、

「店を否定しているように思われて、評価が下がるかもしれない……」と、スタッフはみんな思っています。しかし、それを放っておいたばかりに、気づいたら大変なことになっていた！　ということが店舗ビジネスではたくさんあります。

そのとき、たとえば、

「この食材管理や衛生状態であれば、いつか事故が起こるかも？」

「このままでは、スタッフ同士のコミュニケーション状態が悪く、新人がすぐ辞めてしまうかも？」

「申し上げにくいのですが、社長と仲のいいあのお客様の出入りは少し控えてもらったほうが、余計なトラブルに巻き込まれなくてすみます」

などと、ミーティングや会議ではっきりと伝えてくれる人が必要なのです。

そうしないと、店長もスタッフも改善意欲のない〝イエスマン〟だけが集まってしまいます。そのような明確な意見を出せる人を評価していく文化を形成することで、リスクを回避できるのです。

店の不足している情報を補ってもらったときに評価する

一方で、社長やオーナーに、お客様から「お店の雰囲気が悪い」「接客態度が悪い」などネガティブ情報ばかりが集まってくる店もあります。社長やオーナーが人づてに聞くのは、店の悪評ばかりというケースです。

そのような場合は、たとえば、

- お客様に名刺配布を多くできた人
- アンケートで素敵だったスタッフとして名前を書かれた人
- おいしかった一品としてアンケートに記載されたキッチンのメニュー考案者

などを評価する考え方もあります。

ネガティブ情報もプラス情報も、「店として不足していることを補ってもらったときに評価する」ということです。「補ってもらう」ことが改善活動そのものなのです。

人は、数字を上げさえすれば評価が上がって給料が上がるとなれば、ほかのことを差し置いても給料を上げるためにがんばるものです。しかし、飲食店では衛生管理やサービスなど、数字だけでは評価できない部分も重要なのです。

その点では、評価者である店長は評価尺度のバランスに配慮することも大切です。抜群に儲かるけれど不衛生な店をつくってはいけない。抜群に衛生管理が行き届いているけれど、お客様がまったく入らない店をつくってもいけない。そういったことを配慮するのが、店長やオーナーの評価の腕の見せどころです。

私は、10店舗くらいまでは、評価は手づくりのものでよいと思いますし、評価制度の構築ができていなければ、表彰する機会からスタートしてもよいと思います。

大手チェーンになると、数千人分の評価をエクセル表で管理したり、数千万円かけて独自の評価システムを構築したりしているものですが、数店舗レベルの会社が同じようなことをやる必要はありません。

評価が低いスタッフは降給すべきか

低い評価が続いたとき、そのスタッフを降給すべきかどうかも悩ましい問題です。

法令順守の原則論を踏まえて言うと、まず、すでに働いてもらっているアルバイトスタッフの時給を、翌年の昇給時期に引き下げることはできません。時給1000円で来てもらえば、どんなに評価が低くても時給は変わらず1000円ですし、1200円なら1200円です。もし評価が低い状態が続けば、半年なり1年なりの雇用期間が満了して雇い止め、ということになります。それが有期契約の基本です。

アルバイトではなく社員スタッフの場合は、低い評価が続いた場合などに給与を下げることができる余地がまったくないわけではありません。しかし、そういったことが作為的に行なわれるとなると問題です。

私はむしろ降給ではなく、昇給をしない、もしくは遅らせるという考え方のほうが、人材難の労働環境から見ても、ふさわしいように思えます。

チーム状況を悪化させたり、リスクのある行動が改善されない場合には、なぜ降給するのかについて明確に伝え、納得してもらえるよう説明すればよいと思います。たとえば、

「私たちが守るべきリスクがある事柄について、半年前に改善のための目標を一緒に立てましたね。○○さんはたしかに他の部分は成長していて、その点は感謝しているけど、この重要な課題の部分に関しては、自己評価と評価者からの判断から見ても達成できなかったので降給せざるをえないのですが、理解してもらえますか?」

といった説明です。

リスクのある行動については罵倒するのではなく、チームとしてフェアなルールがあり情緒的な判断で決めているのではないということを理解してもらうようにします。これも大切な教育です。

パート・アルバイトには、わかりやすい昇給・昇格の尺度で対応する

なお、パートやアルバイトは降給しないとしても、「どう昇給すべきか」という課題があります。このことについては、まずは**「シフトへの協力度」**を最優先します。

それぞれのパート・アルバイトには、もちろん素質や飲み込みの早さの差がありますが、一般にそうしたことは時給に反映させるべきものではないでしょう。とはいえ、どんな店でも猫の手も借りたいのが実情ですから、シフトに協力してがんばってくれたパート・アルバイトには時給アップで応えてあげたいものです。

結果、シフト協力意識の高い人はオペレーション頻度も増えるため、技術は高くなり、店長にも仲間にも信頼され、明確に時給の差をつけることのできるアルバイトリーダーへ

と育っていきます。

なお、どのタイミングで、パート・アルバイトをアルバイトリーダーに昇格するか、さらに社員に登用するかどうかも大きな課題です。

私の関わっている店では、半年、1年と勤務を続け、さらに続けて働きたいと考えているようなパート・アルバイトについては、アルバイトリーダーへの打診が店長から私のもとに入ってきます。その際には、店長から「なぜ、彼・彼女がアルバイトリーダーにふさわしいのか」について、私が納得できる説明をしてもらうようにしています。

アルバイトとしての勤務が長いとか、よくがんばっているというだけでなく、その人がアルバイトリーダーになることを望んでいるか、店の方向性にとってプラスに貢献できるようなメリットがあるかなどを確認することが大事なのです。

4 面談上手な店長と面談ベタな店長の差はココ！

面談で、店長がナメられる⁉

店長には面談上手な人もいれば面談下手な人もいます。評価者としての正式な面談のトレーニングを受けていないのですから、それは仕方のないことかもしれません。だからこそ、「日頃のスタッフへのアプローチでトレーニングしよう」「面談の最初はスタッフへの感謝の言葉から始めよう」といったポイントを述べてきたわけです。

さらにつけ加えるとすれば、スタッフの自己評価が店長の評価より低いときに、スタッフのいいところを明確に伝えられるのが面談上手な店長ということができます。

一般に、目上の人が目下の人の批判するときは、「ここが足りない」と明確に伝えることができるものです。ところが、自己評価の低い点について「そんなことはない」ということを相手が納得し、相手を勇気づけるように伝えるのはむずかしいものです。一歩間違うと、〝ほめ殺し〟のようになってしまうからです。褒めながらも話の着地点で、努力目標を明確に設定できるのが面談上手な店長です。

まれにですが、店長とまったくウマが合わない、ナメているとさえ思えるようなスタッフとの面談に私が同席することもあります。面談の上手・下手を超えて、どんな話をしても聞く姿勢がなく、「はぁ？　何言ってんだよ」というような態度を示すスタッフと店長の面談です。「この店長、尊敬されてないんだな」ということが、何も語らなくても伝わってきます。

そんなとき、面談が終わったあと、

「おまえ、ナメられてるぞ！」

なんて言ってしまうと、店長は萎縮してしまい、面談上手な店長に成長することはできません。

このような場合、私はふだんのマネジメントをどうしているかを確認します。

そういった店長は、気弱に見えるタイプより、むしろ何を言っても自分の考えを曲げない堅物の店長に多いように思います。そしてナメているスタッフは、他のスタッフより圧倒的にスキルが高く、そのスタッフがいないと店が回らないというタイプです。

気弱なタイプの店長なら、まだかわいげがあり親しまれるのですが、堅物タイプの店長と有能タイプのスタッフでは、互いのプライドがぶつかり合うだけの関係になってしまうのです。

その解決策として、私は日頃の店長のマネジメントが間違っていることを指摘はしますが、それよりも5章でお伝えしたバディマネジメントを実践することをすすめています。店長1人で面談せず、そのスタッフが多少は信頼を置いている別のリーダーなり副店長と、最低でも2対1で面談したり、マネジメントをとったりするのです。

そうしないと数カ月後には、

「あいつ、気に入らなかったんでしょうね。結局、辞めましたよ」

という報告が、堅物の店長から社長やオーナーに上がってくることになるのです。

5 評価・面談で重要な4つの留意点

自分の理想の店像に合わせた評価をする

最後に、評価・面談の留意点をまとめます。参考にしてください。

①ストレスにならないしくみをつくる

まず、評価・面談を実施する店長・社長・オーナー側の留意点としては、「ストレスにならずに続けられる制度やしくみ、また、ボリュームにする」ということです。そうしなければ結局、制度は絵に描いた餅になり、誰も運用できなくなります。

②プロジェクトをつくり、日常業務と切り離す

日常業務のなかで評価制度・しくみをつくっていこうとすると、とかく優先順位が下がってしまいます。誤解を恐れずに言えば、評価制度・しくみそのものは売上や利益を生まないからです。

しっくりした運用ができて初めて、自分の店の人材育成につながり、人材を育成することで店の売上や利益につながっていきます。

そう考えると、日常業務のなかに組み込んで制度づくりをするよりも、プロジェクトとして日常業務と切り離し、場合によっては外部の専門家などに入ってもらってつくったほうが使い勝手のよいものができます。

③頻繁に評価・面談をしない

評価・面談は「真剣にやる」ことに意義があります。忙殺されるような毎日でも、半年や年に1回くらいスタッフも店長も立ち止まり、振り返ることに意義があるのです。

四半期ごとにやろうとすると、とくに店長はずっと評価・面談ばかりしているような感覚になってしまい、通常業務に支障が出る可能性があります。注意してください。

④数字だけを追い求めない

店舗ビジネスは、数字だけを追い求めるだけなら、どんな人でも売上などの目標を実現・達成できる性質のものかもしれません。8時間の営業時間を24時間にする、強引にお客様を勧誘する、適当な理屈をつけて単価を高くする、多店舗にする、景気がちょっと上向いたら店舗とその立地を活かした不動産で稼ぐ――。短期的な数字であれば、誰がやっても勢いで何とかなるものです。

しかし、現実はそんなに単純ではなく、数字を求めすぎた店は〝ブラック〟の悪評を受け、競合店の脅威にさらされ、結局はすたれてしまうのです。そのとき、残っているスタッフのうち優秀な人材の多くは、不振店のテコ入れで一生懸命になっていますから、優秀な人ほど疲れきってしまいます。

評価・面談も店の継続を求めるなら、そうした「数の経営」を重視しすぎず、人を評価し、面談することにはどういう意義があるかを改めて考え、「自分が育てたい人材に合わせた評価基準」をもとにした制度・しくみをつくるべきです。

おわりに

最後まで本書を読んでくださったみなさま、本当にありがとうございました。

初版の『採る・育てる・定着させる　これからの飲食店マネジメントの教科書』が発売されてから6年、コロナをきっかけに飲食店を取り巻く環境は大きく変化しました。採用・育成・定着についても、過去正しいと言われてきたアクションだけでは、これからの飲食店経営は成り立たないものとなってしまいました。すべてのコストは上昇する一方、売上がコロナ前の水準まで戻っている店舗は少なくなっています。

この環境のなかでも、どのようにマネジメントを組織全体で進化させながら安定させ、会社も働くメンバーも将来の見通しがイメージできるマネジメント手法をまとめているのが本書です。

多くの方が、現状を変えていかなければならないと危機感をもってはいるものの、何からスタートすればよいのかわからない……というのが本音だと思います。がむしゃらに他社の活動を参考にして取り組んだが、うまくいかないと悩んでいる方も多いでしょう。

私がオンライン教育プログラム「これマネ教育ＤＸ」を活用し、ハイブリットマネジメントを習慣化している飲食店のリーダーのみなさんを観察しているなかで強く感じていることがあります。それは、これからの時代は自社の文化やキャラクターをリーダーが理解したうえで、自分たちに合ったカタチにフィットさせながらオリジナルのマネジメント体制をつくることが欠かせないということです。そして、それが今後の自分たちの店の企業文化を根づかせていくコツだということです。

マネジメントも過去のように「研修やプログラムを導入して終わり」ではなく、そのプロダクトを継続的に利用する習慣がつくマネジメントアプローチができるリーダーを育成することが重要です。

学校の先生は、みずから教科書を製作している人ではなく、教科書やコンテンツを活用しながら、わかりやすく子どもたちにアプローチを行なっていきます。同じように、現場経験がある店長や各リーダーが、「これマネ教育ＤＸ」の各教科書やコンテンツを利用して仲間へアプローチする手法を習得し、オンライン・オフラインで社内のしくみを構築し、社内の先生（社内コンサルタント）になることが大切だと思っています。

仲間を育成するスキルを身につけることで、年齢を重ねても、体調を壊して現場で活躍できなくなっても、未来のキャリアに自信と安心をもち、健全に活躍してくれる人が育つ組織になっていきます。そして、そうした多様な先輩の姿に憧れ、めざすべき指針とする若者が増え、組織文化として定着していくのです。

本書をご購入いただいた方には、次ページの2次元コードから「これマネ教育ＤＸ」動画コンテンツをプレゼントしています。ぜひ活用してみてください。

時代は大きく変わりました。一緒に少しずつ一歩を踏み出し、楽しい飲食店マネジメントライフを歩み続けましょう。

最後に、本書の執筆にあたりご協力をいただきました協力企業のみなさま、シリーズとなる『これからの飲食店　数字の教科書』『これからの飲食店　集客の教科書』『これからの飲食店　衛生管理の教科書』『これからの飲食店ＤＸの教科書』の著者のみなさん、同文舘出版の戸井田歩さん、菱田編集企画事務所の菱田秀則さんに心より感謝いたします。

一般社団法人これからの時代の・飲食店マネジメント協会　代表理事　山川博史

著者略歴

山川博史（やまかわ　ひろし）

一般社団法人これからの時代の・飲食店マネジメント協会代表理事、株式会社オフィスヤマカワ　プロデューサー、株式会社 OICY 取締役副社長、甲子園大学アクティベーションプロデューサー

1971 年、長崎生まれ。23 歳で飲食業界に入り、現場経験を積み 27 歳で創業。飲食店経営やプロデュースを行ないながら、飲食企業や飲食事業者をサポートするメーカーやベンダー各社へ ES・CS 実現のための教育やサポートプログラム「これマネ教育DX」を提供し、採用・育成・定着・自走をテーマにしたビジネスコミュニティ「これマネ」を運営している。また、そのノウハウを他事業に活用したコミュニティビジネスプロデュースでは、各社のリソースや文化を活かしたプロダクト・施設・店舗・コミュニティなど、各種ビジネス構築をサポートしている。『崖っぷちのお店を 3 カ月で復活させる 55 の速効リセットプラン』（アーク出版）、『これからの飲食店 集客の教科書』『これからの飲食店 数字の教科書』『これからの飲食店 衛生管理の教科書』『これからの飲食店 DX の教科書』（監修、同文舘出版）など著書多数。

■山川博史オフィシャル HP　http://yamakawahiroshi.com/

■一般社団法人これからの時代の・飲食店マネジメント協会　http://koremane.com/

読者特典　「43日間メールに届く！ 飲食店マネジメント教育動画」
https://line.me/R/ti/p/@wma0560x?oat_content=url
※特典に関するお問い合わせは、著者までお願いします。
※この特典は予告なく終了する場合があります。

最新版　採る・育てる・定着させる
これからの飲食店マネジメントの教科書

2024 年 5 月 7 日　初版発行

著　者 —— 山川博史

発行者 —— 中島豊彦

発行所 —— 同文舘出版株式会社

東京都千代田区神田神保町 1-41　〒 101-0051
電話　営業 03（3294）1801　編集 03（3294）1802
振替 00100-8-42935
https://www.dobunkan.co.jp/

ISBN978-4-495-53902-3

印刷／製本：萩原印刷　Printed in Japan 2024